Liebe Freundinnen und Freunde des guten Geschmacks,

mit diesem Kochbuch möchten wir Ihnen gerne die schwäbische Küche in Stuttgart und im Umland näher bringen sowie ein paar besondere Leckerbissen der überregionalen Küche empfehlen. Freuen Sie sich auf leicht verständliche Rezepte, die mit heimischen Produkten unkompliziert nachzukochen sind! Mit Johannes Guggenberger konnten wir dafür einen Koch gewinnen, der seinen Beruf nicht nur aus Leidenschaft ausübt, sondern seine Fertigkeiten in seinem eigenen Kochblog www.stuttgartcooking.com auch gerne mit anderen teilt (mehr über Johannes Guggenberger auf Seite 38).

Alle Rezepte sind für vier Personen ausgelegt und jeweils mit einer eigenen Abbildung des fertigen Gerichts versehen, um zusätzlich Anregungen zum Anrichten und zur Dekoration zu bieten. Die Zutaten dafür erhalten Sie je nach Saison auf unseren heimischen Wochenmärkten.

Wein- und Blumentipps liefern ebenfalls unsere Markthändler, die Sie natürlich bei Ihrem Einkauf auf dem Wochenmarkt zu allen Fragen bezüglich der angebotenen Produkte beraten. Machen Sie sich, Ihrer Familie und Ihren Freunden eine Freude und laden Sie sie zu einem gelungenen Menü mit schwäbischer Küche, schwäbischen Produkten und guter Laune ein!

Guten Appetit wünscht Ihnen

Ihr Karl Kübler/Märkte Stuttgart GmbH

Inhalt

Leckere Rezepte aus der Region

Die Wochenmärkte – Gesunde Vielfalt aus der Region

Seit mehr als 700 Jahren sind die Markthändler eine feste Größe im Stadtbild von Stuttgart. Ob Marktplatz, Wilhelmsplatz, Rathausplatz, Kirchplatz oder Dorfplatz – die Stuttgarter freuen sich überall in den Stadtgebieten über die Nähe zu den Erzeugern aus der Region und über die Frische der angebotenen Produkte. Am frühen Morgen wechseln auf den Wochenmärkten bereits die ersten Waren ihre Besitzer und so mancher Stuttgarter genießt schon am Mittag frisches Gemüse sowie Fleisch- und Molkereiprodukte aus dem Umland.

Für viele gehört der Gang auf den Markt seit den Kindheitstagen zu einem besonderen Höhepunkt der Woche und zu einer heimatverbundenen Tradition. Die Lebendigkeit der Märkte hat sich bis heute in einer großen Vielfalt erhalten und garantiert an manchen Orten auch die Nahversorgung der Bürger mit frischen Lebensmitteln.

Insgesamt gibt es in den Stuttgarter Stadtteilen und in der Innenstadt 27 Wochenmärkte, die an verschiedenen Tagen das Ortsbild beleben und der schwäbischen Küche unermüdlich Nachschub liefern.

Die Schwäbische Küche

„Lasst uns nach Schwaben entfliehn! ... Es findet Süße Speise sich da und alles Guten die Fülle: Hühner, Gänse, Hasen, Kaninchen und Zucker und Datteln, Feigen, Rosinen und Vögel von allen Arten und Größen. Und man bäckt im Land das Brot mit Butter und Eiern, rein und klar ist das Wasser, die Luft ist heiter und lieblich ..." lobte Johann Wolfgang von Goethe im sechsten Gesang des Reineke Fuchs das Schwabenland und seine Vorzüge. Zwar wollte Reineke Fuchs in erster Linie seinem Weib Ermelyn die Aussicht schmackhaft machen, vor dem König zu fliehen, aber dennoch wusste Goethe durchaus das Ländle und seine Küche auf seinen Reisen zu schätzen. Auch wenn die Schwäbische Küche in erster Linie einfach und bodenständig ist, so hat sie doch einiges zu bieten, was man anderswo vergeblich auf der Speisekarte sucht.

Von Märschen und „Grombiera"

Eine wichtige Rolle spielt dabei das Mehl, ohne das Maultaschen oder Spätzle nicht denkbar wären, aber auch Eintöpfe und Suppen sind charakteristisch für die Schwaben.

Stuttgarter Wochenmärkte

In früheren Zeiten gab es für die einfache Land-
bevölkerung kaum Fleisch, so dass ihre Mahlzeiten
traditionell auf Mehlspeisen und Innereien ausge-
richtet waren. Nur an Festtagen wurde aufgetischt,
was man sich an Delikatessen sonst nicht gönnen
konnte. Mit dem Einzug der Kartoffel ab Mitte
des 17. Jahrhunderts wurde diese schnell als nahr-
hafte Beilage zum Speiseplan hinzugefügt. Als Bei-
spiel einer gelungenen Symbiose von traditionellen
Spätzle mit den exotischen „Erdäpfeln", die auch
„Grombiera", „Grombarra" oder „Ebbiera" genannt werden, sei der Gaisburger Marsch genannt,
ein Eintopf, der bei manchem Nichtschwaben ein
leichtes Kopfschütteln hervorruft. Tummeln sich
da doch tatsächlich Nudeln, Kartoffeln, Zwiebeln
und Fleisch einträchtig in einer Brühe. Der Gewinn
für die Schwäbische Küche durch die Kartoffel ist
auch sichtbar am allseits beliebten Kartoffelsalat,
den nach Meinung landläufiger Schwaben kein
Restaurant so richtig hinbekommt, sowie an den
Bratkartoffeln und Schupfnudeln.

Seit Jahrhunderten erfinderisch

Eine der bekanntesten Schwäbischen Spezialitäten
ist die Maultasche, die ebenso wie die Kartoffel,
mal in einer Fleischbrühe schwimmt oder in der

Pfanne gebraten wird. Die herzhafte Füllung aus Spinat, Fleisch, Zwiebeln und Brötchen hat heute Anhänger bis in die USA und nach Russland gefunden. Früher sollten die „Herrgottsbscheißerle" darüber hinwegtäuschen, dass an Fastentagen Fleisch gegessen wurde. Darum vermengte man das Fleisch mit anderen Zutaten und hüllte es in Teig ein, damit es dem Herrn im Himmel verborgen blieb.

Auch sonst waren die Schwaben überaus erfindungsreich, wenn es darum ging, ihre Mahlzeiten zu veredeln. Nachdem das gute Fleisch nur dem gehobenen Bürgertum und dem Adel vorbehalten blieb und höchstens einmal sonntags auf den Tisch kam, musste sich das gemeine Volk mit Innereien begnügen. Diesem Umstand hat man es zu verdanken, dass so bekannte Speisen wie Saure Kutteln mit Bratkartoffeln oder Saure Leber in guten Schwäbischen Lokalen bis heute auf dem Speiseplan zu finden sind. Weitere Besonderheiten der Schwäbischen Küche sind das sogenannte Filderkraut, woraus ein besonders mild-würziges Sauerkraut hergestellt und das nur auf den Fildern bei Stuttgart angebaut wird, und der Ofenschlupfer, ein leckerer Auflauf aus Apfelscheiben, Rosinen, Mandeln und gewürztem Weißbrot.

Tipps

Bärlauchspätzle

Würzige Bärlauchspätzle erhält man, wenn man anstatt Wasser frischen pürierten Bärlauch hinzufügt.

Maultaschen

Maultaschen selbermachen ist viel Arbeit. Deswegen am besten in größeren Mengen herstellen und in einzelnen Portionen mit einem Einschweißgerät vakuumieren. Anschließend kann man die Maultaschen locker ein Jahr in der Tiefkühltruhe lagern.

Tomatenwürfel

Die Tomaten ca. 5 Sekunden lang in kochendes Wasser legen, das nennt man blanchieren, dann sofort in Eiswasser geben. Danach lässt sich die Haut ohne Probleme abschälen.

Saucen selbst herstellen

Selbst hergestellte Saucen schmecken natürlich wesentlich besser als Saucen aus der Tüte. Anleitungen zu selbst hergestellten Saucen finden sie unter www.stuttgartcooking.com.

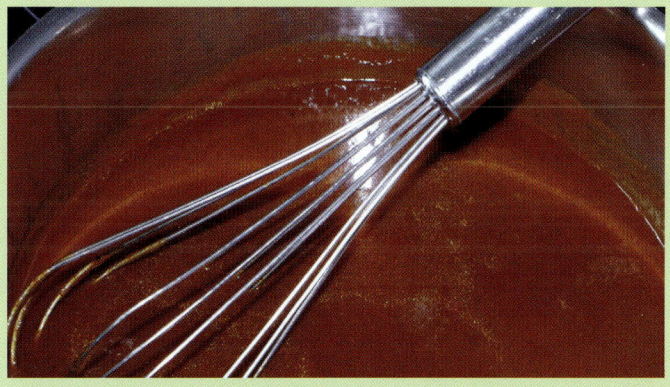

Tipps

Zwiebelschmelze

Zwiebelschmelze gelingt hervorragend, wenn man gutes Butterschmalz verwendet. Nicht zu sparsam einsetzen und die Zwiebelscheiben so lange schmelzen, bis sie richtig weich geworden sind.

Geflügel braten

Die Hautseite des Geflügels in kurzen Abständen mit dem Messer leicht einritzen. Aber vorsichtig, damit man das darunterliegende Fleisch nicht verletzt.

Fischsud-Reduktion

Die Reduktion mindestens bis zu einem Drittel einkochen, um eine rezentes, würziges, gut schmeckendes Ergebnis zu erhalten.

Parfait oder Eiscreme

Parfait oder Eiscreme schmeckt am besten, wenn es mit einer Eismaschine hergestellt wird. Es bilden sich dann so gut wie keine Eiskristalle. Es gibt mittlerweile günstige Eismaschinen für den Haushaltsgebrauch.

Salat vom Stuttgarter Wochenmarkt

ZUTATEN:

300–400 g Ackersalat, geputzt und gewaschen, 16 Orangenfilets, 8 Champignons, geputzt, in Scheiben geschnitten und mit Zitronensaft mariniert, Sonnenblumenkerne, leicht geröstet nach Geschmack, 2 Urkarotten, gekocht und in Scheiben geschnitten, 2 Schalotten, geschält und in kleine Würfel geschnitten, 1 kleinere Knoblauchzehe, geschält und fein gehackt, Grana Padano, frisch gerieben nach Geschmack, 300 g Putenbrust in Streifen geschnitten, gewürzt und gebraten, Winzeressig oder Balsamico und Olivenöl sowie Salz und Pfeffer aus der Mühle jeweils nach Geschmack, eine Prise Zucker

ZUBEREITUNG:

Aus Winzeressig, Olivenöl, Schalottenwürfeln, gehacktem Knoblauch, Salz, Zucker und Pfeffer ein rezentes Dressing herstellen.

Den Ackersalat mit Champignons, Urkarotten, Orangenfilets, Putenbruststreifen und Sonnenblumenkernen vermischen und mit dem Dressing marinieren. Zum Schluss den fertigen Salat mit frisch geriebenem Grana Padano überstreuen.

Maultaschensalat auf eine andere Art

ZUTATEN:

12 Maultaschen, in Scheiben geschnitten und von beiden Seiten gebraten, 200 g Kartoffeln, gekocht, in dünne Scheiben geschnitten und von beiden Seiten angebraten, 200 g Wildkräutersalat mit Blüten, 40 g Radieschen in Scheiben geschnitten, 1/2 kleiner Bund Frühlingszwiebeln, geputzt und in dünne Scheiben geschnitten, 30 g Traubenkernöl, Weißweinessig sowie Salz und Pfeffer aus der Mühle jeweils nach Geschmack, eine Prise Zucker

ZUBEREITUNG:

Aus Traubenkernöl, Weißweinessig, Salz, Zucker und Pfeffer aus der Mühle ein Dressing herstellen. Anschließend alle anderen oben genannten Zutaten (die gebratenen Maultaschen und Kartoffeln noch lauwarm) damit vermengen und vor dem Anrichten ca. 3 Minuten im Dressing ziehen lassen.

15

Spargelsalat mit Birnen und Käse

ZUTATEN:

800 g Spargelstücke, geschält, gekocht und abgekühlt, 2 Birnen, gewaschen und vom Kerngehäuse befreit, in Spalten geschnitten und mit Zitronensaft beträufelt, einige Pinienkerne, geröstet, 16 ganze Basilikumblätter, 120 g Allgäuer Hartkäse in dünne Streifen geschnitten, 2 gekochte Eier, geschält und grob gehackt, Olivenöl und frischer Zitronensaft sowie Salz, Zucker und Pfeffer aus der Mühle jeweils nach Geschmack

ZUBEREITUNG:

Aus Olivenöl, Zitronensaft, Salz, Zucker und Pfeffer aus der Mühle ein rezentes Dressing herstellen. Dann die Spargelstücke, Birnenspalten, Pinienkerne, Basilikumblätter, Käsestreifen sowie die gehackten Eier hinzufügen und gut vermengen. Bei Bedarf nochmals nachwürzen. Den fertig angemachten Spargelsalat ca. 20 Minuten vor dem Verzehr ziehen lassen.

Weintipp

Halbtrockener fruchtig-spritziger Riesling aus alten Reben mit einem herrlich frischen Rieslingaroma. Perfekt zu Salaten.

Weingut Häußermann

Spinat-Kartoffelsalat mit Schafskäse

ZUTATEN:

600 g frischer Spinat, blanchiert und in Eiswasser abgeschreckt, 300 g Kartoffeln, gekocht, geschält und in dünne Scheiben geschnitten, 160 g Schafskäse in Würfel geschnitten, 1 1/2 Äpfel, gewaschen, vom Kerngehäuse befreit, geviertelt und in Scheiben geschnitten, 1 rote Zwiebel, geschält und in Streifen geschnitten, 1/2 kleiner Bund Frühlingszwiebeln, geputzt und in Streifen geschnitten, Winzeressig und Olivenöl sowie Salz, Honig, Senf und Pfeffer aus der Mühle jeweils nach Geschmack

ZUBEREITUNG:

Aus Winzeressig, Senf, Honig, Olivenöl, Salz und Pfeffer aus der Mühle ein rezentes Dressing herstellen.
Mit dem fertigen Dressing alle anderen oben genannten Zutaten vermengen und mindestens 10 Minuten ziehen lassen.

Lauwarmer Backhendl-Salat mit Kürbiskernöl

ZUTATEN:

2 Hähnchenbrüste, paniert und noch lauwarm in kleinere Stücke geschnitten, verschiedene Blattsalate nach Wahl vom Wochenmarkt, geputzt und gewaschen, 4 Radieschen, geputzt, gewaschen und in dünne Scheiben geschnitten, 2 rote Paprika, gewaschen, vom Kerngehäuse befreit und in Streifen geschnitten, Basilikumblätter nach Geschmack, leicht geröstete Kürbiskerne nach Geschmack, 2 Schalotten, geschält und in kleine Würfel geschnitten, Essig und Kürbiskernöl sowie Salz und Pfeffer aus der Mühle jeweils nach Geschmack, eine Prise Zucker

ZUBEREITUNG:

Aus Essig, Salz, Pfeffer, einer Prise Zucker, etwas Wasser, Schalottenwürfeln und dem Kürbiskernöl ein rezentes Dressing herstellen. Anschließend die noch lauwarmen panierten Hähnchenstücke, Blattsalate, Basilikumblätter, Kürbiskerne, Radieschenscheiben und Paprika- streifen mit dem Dressing gut vermengen und anrichten.

Matjessalat nach Art „stuttgartcooking"

ZUTATEN:

600 g Matjes, in Streifen geschnitten, 100 g Mayonnaise, 50 g Sauerrahm, 100 ml Sahne, etwas frischer Dill, gehackt, 1 1/2 Äpfel mit Schale, entkernt und in kleinere Stücke geschnitten, 1 rote Zwiebel, geschält und in kleine Würfel geschnitten, eine handvoll Kresse, gewaschen, 1 kleiner Bund Schnittlauch, in dünne Röllchen geschnitten, ein Spritzer Verjus, ein Spritzer Zitronensaft, Salz, Pfeffer aus der Mühle, eine Prise Zucker

ZUBEREITUNG:

Die Matjesstreifen zusammen mit Mayonnaise, Sahne, Apfelstücken, Kresse, gehacktem Dill, Zwiebelwürfeln, Schnittlauch und Sauerrahm vermengen. Mit Salz, Pfeffer aus der Mühle, einer Prise Zucker, Zitronensaft sowie Verjus abschmecken.

Lauwarmer Maultaschensalat

ZUTATEN:

12 Maultaschen, in Scheiben geschnitten, 20 ml Rapsöl, 200 g gekochte, noch warme Kartoffeln, in Scheiben geschnitten, evtl. angebraten mit gekochten Kartoffeln vom Vortag, 2 Tomaten, geviertelt, 2 Urkarotten, gekocht und in Scheiben geschnitten, 1 rote Zwiebel, in dünne Scheiben geschnitten, 1/2 Bund Frühlingszwiebeln in dünne Scheiben geschnitten, 150 g Ackersalat, gewaschen.
Für das Dressing: Essig und Sonnenblumenöl sowie Salz und Pfeffer aus der Mühle jeweils nach Geschmack, eine Prise Zucker, etwas Senf

ZUBEREITUNG:

Die Maultaschenscheiben (evtl. zusammen mit den Kartoffelscheiben) in heißem Rapsöl von beiden Seiten braten, anschließend mit den anderen Zutaten vermengen. Das fertige Dressing hinzufügen und den Salat noch lauwarm servieren.

Spaghettini-Salat mit Garnelen, Avocado und Kresse

ZUTATEN:

200 g Spaghettini, bissfest gekocht und mit kaltem Wasser abgeschreckt, 280 g Garnelen, gekocht, 1 Avocado, entkernt und in Würfel geschnitten, eine Handvoll Kresse, gewaschen, 1 Knoblauchzehe, geschält und fein gehackt, frische Basilikum- blätter, 1 kleine rote Peperoni, entkernt und klein gehackt, 2 Schalotten, geschält und in kleine Würfel geschnitten, Olivenöl sowei Saft einer Zitrone oder Essig, Salz und Pfeffer aus der Mühle jeweils nach Geschmack, eine Prise Zucker

ZUBEREITUNG:

Aus Zitronensaft, Schalottenwürfeln, Knoblauch, Olivenöl, Salz, Pfeffer aus der Mühle, etwas Zucker und Wasser ein herzhaftes Dressing herstellen. Alle anderen Zutaten zum Dressing geben und gut vermengen. Den fertigen Salat einige Zeit vor dem Anrichten durchziehen lassen.

Weintipp

2010 Sauvignon Blanc. Die Aromen von Pfeffer- minze und Stachelbeere wecken die Lust auf einen lebhaft fruchtigen und dennoch trockenen Sommerwein.

Weingut Zimmerle

Schwäbische Zwiebelsuppe

ZUTATEN:

1 l Rinderbrühe, 1/8 l Riesling aus Baden-Württemberg, 1 Laugenbrötchen vom Vortag, 100 g Allgäuer Hartkäse, frisch gehobelt, 600 g Zwiebeln, geschält und in Scheiben geschnitten, 40 g Butterschmalz, 25 g Weizenmehl, 1 kleiner Bund Schnittlauch, gehackt, Salz nach Geschmack, Pfeffer aus der Mühle nach Geschmack

ZUBEREITUNG:

Die Zwiebelscheiben in einer Pfanne mit heißem Butterschmalz glasig anschwitzen. Das Mehl hinzufügen, gut vermengen und leicht bräunlich braten lassen. Dann mit dem Riesling ablöschen und mit der Rinderbrühe auffüllen. Die Zwiebelsuppe einige Minuten köcheln lassen, auf jeden Fall so lange, bis die Zwiebelringe weich sind. Zum Schluss mit Salz und Pfeffer abschmecken.

In der Zwischenzeit das Laugenbrötchen in Scheiben und kleine Würfel schneiden. Die Scheiben und Würfel in Butterschmalz von allen Seiten anrösten. Dann die Brötchenscheiben mit dem gehobelten Allgäuer Hartkäse bestreuen und im Backofen bei Oberhitze gratinieren. Die Zwiebelsuppe mit Schnittlauch und den überbackenen Brötchenscheiben anrichten.

Käsesuppe mit Speck und Olivenspieß

ZUTATEN:

200 g Allgäuer Bergkäse, gerieben, 1/2 l Gemüsebrühe oder Rinderbrühe, 1/2 l Sahne, 50 ml Sahne, steif geschlagen, Muskat, gerieben nach Geschmack, etwas Weißwein (z. B. einen Riesling aus Baden-Württemberg), 3 Schalotten, geschält und fein gewürfelt, 120 g geräucherter Schweinebauch, in kleine Würfel geschnitten, Mehlbutter aus 50 g Butter und 50 g Mehl, Salz nach Geschmack, Pfeffer aus der Mühle nach Geschmack, 1 Knoblauchzehe, geschält und fein gehackt, frische Basilikumblätter, 1/2 Bund gehackte Blattpetersilie

ZUBEREITUNG:

In einem Topf die Schalottenwürfel zusammen mit den Speckwürfeln und dem Knoblauch anschwitzen und mit Weißwein ablöschen. Mit der Gemüsebrühe aufgießen und ca. 2 Minuten leicht kochen lassen. Nun die Mehlbutter einrühren und 1 Minute kochen lassen. Dann Sahne hinzufügen und kurz vor dem Aufkochen die Suppe von der Flamme nehmen. Dann den geriebenen Käse einrühren und zerlaufen lassen. Mit Salz, Pfeffer und Muskat abschmecken, zum Schluss noch etwas geschlagene Sahne unterheben. Mit Basilikum und der gehackten Blattpetersilie anrichten. Für den Olivenspieß eingelegte grüne und schwarze Oliven abwechselnd mit frisch hergestellten Croutons (geröstete Weißbrotwürfel), abgezogenen Tomatenstücken und Basilikumblättern aufstecken.

WUSSTEN SIE?

Leisa – schwäbisch für Linsen – wurden auf der Schwäbischen Alb bis zur Mitte des 20. Jahrhunderts angebaut. Die niedrigen Erträge und der große Arbeitsaufwand bei Ernte und Reinigung waren Ursachen für das völlige Verschwinden dieser uralten Nahrungspflanze in ganz Deutschland. Seit 1985 werden Alblinsen wieder angebaut, was trotz moderner Technik noch viel Aufwand und Schwierigkeiten bedeutet.

Alblinsen-Eintopf

ZUTATEN:

200 g Schwäbische Albleisa, 150 g geraucher Bauch, in kleine Würfel geschnitten, 400 g Kartoffeln und 100 g Karotten sowie 100 g Sellerie jeweils geschält und in kleine Würfel geschnitten, 100 g Lauchzwiebeln, gewaschen, geputzt und in kleine Würfel geschnitten, Gemüsebrühe, 30–50 g Tomatenmark, 1 Zwiebel mit Lorbeer und Nelken gespickt, 1/8 l Trollinger aus Baden-Württemberg, dunkle Mehlbutter zum Binden, Salz nach Geschmack, Pfeffer aus der Mühle nach Geschmack, eine Prise Zucker

ZUBEREITUNG:

Die Linsen zusammen mit dem Trollinger und der gespickten Zwiebel in der Gemüsebrühe kochen (ca. 20–30 Minuten), bis diese noch sehr bissfest sind. Dann die Kartoffel-, Karotten- und Selleriewürfel hinzufügen. Weiter köcheln lassen, bis die Kartoffelwürfel und das restliche Gemüse weich sind. Die gespickte Zwiebel herausnehmen und die Lauchwürfel hinzugeben. Etwas Tomatenmark einrühren und mit etwas dunkler Mehlbutter binden. Zum Schluss mit Salz, einer Prise Zucker, eventuell noch Trollinger sowie Pfeffer aus der Mühle abschmecken.

2010 Der trockene Gutswein Acolon überrascht mit seiner füllig dunkelroten Farbe, einem Duft nach schwarzer Kirsche und zarter Tanninstruktur.

Weingut Jochen Mayer

Kürbissuppe mit in Speck gebratenen Laugenbrezelwürfeln, Birne und Meerrettich

ZUTATEN:

500 g Hokkaidokürbis mit Schale in Bio-Qualität, vom Kerngehäuse befreit und in kleinere Stücke geschnitten, 40 g geräucherter Bauchspeck, in Würfel geschnitten, 1 Laugenbrezel, in Würfel geschnitten und in Rapsöl von allen Seiten kross gebraten, 1 1/2 Birnen, vom Kerngehäuse befreit und in kleine Würfel geschnitten, Gemüsebrühe, Verjus nach Geschmack, 1 Knoblauchzehe, fein gehackt, 2 Schalotten, geschält und in kleine Würfel geschnitten, Kürbiskernöl nach Geschmack, einige Kürbiskerne, in einer heißen Pfanne angeschwitzt, 100 ml Sahne, etwas steif geschlagene Sahne für die Sahnehaube, 50 ml Sauerrahm, etwas Rapsöl und frisch geriebener Meerrettich sowie Salz und Pfeffer aus der Mühle jeweils nach Geschmack

ZUBEREITUNG:

Die Schalottenwürfel mit den Speckwürfeln und dem Knoblauch in wenig heißem Rapsöl anschwitzen, mit etwas Gemüsebrühe ablösen und die Kürbisstücke hinzufügen. Solange kochen lassen, bis die Kürbisstücke weich geworden sind. Dann die Birnenstücke hinzufügen und weitere 2 Minuten leicht kochen lassen. Anschließend das Ganze mit dem Stabmixer pürieren. Nun den Sauerrahm sowie die Sahne hinzufügen und mit Verjus, Salz und Pfeffer abschmecken. Zusammen mit Laugenbrezelwürfeln, Kürbiskernöl, Kürbiskernen, Sahnehaube und dem Meerrettich anrichten.

Gemüseeintopf mit Zutaten aus der Region

ZUTATEN:

1 Zwiebeln, 150 g Hokkaidokürbis in Bio-Qualität, vom Kerngehäuse befreit und in Stücke geschnitten, 150 g Petersilienwurzeln, geschält und in Scheiben geschnitten, 150 g Lauch, geputzt, gewaschen und in Scheiben geschnitten, 150 g Weißkraut geputzt, vom Strunk befreit und in größere Würfel geschnitten, 150 g Urkarotten, geschält und in Scheiben geschnitten, 150 g Rosenkohl, geputzt, 1 kleiner Bund Blattpetersilie, gewaschen und grob gehackt, 1 l Gemüsebrühe oder Hühnerbrühe, 200 ml Sahne, 1 große, rohe geriebene Kartoffel zum Binden, 2–4 Zweige frischer Majoran, 1 Knoblauchzehe, geschält und gehackt, 2 Spritzer Balsamico, Salz nach Geschmack, Pfeffer aus der Mühle nach Geschmack

ZUBEREITUNG:

Zuerst die Zwiebel schälen und in Ringe schneiden. Alles Gemüse außer der Blattpetersilie und den Lauchscheiben in einem Topf mit Gemüsebrühe oder Hühnerbrühe bissfest kochen lassen. Anschließend für eine leichte Bindung die frisch geriebenen Kartoffeln einrühren und weitere 2 Minuten köcheln lassen. Dann die Lauchscheiben, den gehackten Knoblauch und die gehackte Blattpetersilie hinzufügen. Alles zusammen weitere 2 Minuten köcheln lassen. Zum Schluss den Eintopf vom Feuer nehmen, die Sahne unterrühren und mit Salz, Pfeffer aus der Mühle, frischem Majoran und ein paar Spritzern Balsamico abschmecken.

Weintipp

2009 Der harmonisch trockene Spätburgunder beeindruckt samtig und feurig mit typischem Burgunderbukett und intensiv roter Farbe. Mit seinem Duft nach Brombeeren ist er ein sehr angenehmer Rotwein mit beeriger Aromaausprägung.

Weingut Jochen Mayer

Albschnecksuppe mit Chips vom Parmesan

ZUTATEN:

16 Schwäbische Albschnecken im Sud, 1/2 l Hühnerbrühe, 2 Schalotten, geschält und fein gewürfelt, 1/8 l Sahne, 1/16 l Crème fraîche, 1 Knoblauchzehe, gehackt, 1/16 l Weißwein aus Baden-Württemberg, 20 g Butterschmalz, etwas Mehlbutter zum Binden, Salz nach Geschmack, Pfeffer aus der Mühle nach Geschmack.
Für die Parmesan-Chips: geriebener Parmesan, dünne Scheiben von roter Peperoni, Blätter von Blattpetersilie

ZUBEREITUNG:

Die klein gewürfelten Schalotten mit den abgetropften Albschnecken und dem Knoblauch in heißem Butterschmalz kurz anschwitzen. Mit Weißwein ablöschen und mit Gemüsebrühe auffüllen. Die Sahne, etwas vom Schneckensud und Crème fraîche hinzufügen, dann mit Salz und Pfeffer abschmecken. Zum Schluss die Mehlbutter in die Suppe einrühren. Zum Garnieren: Blätter von der glatten Petersilie, Karottenstreifen, Selleriestreifen und Lauchstreifen in Butterschmalz gebraten.

Den geriebenen Parmesan in eine heiße beschichtete Pfanne einrieseln lassen. Die Peperoni und die Blattpetersilie auf den heißen Käse legen. Anschließend die fertigen Parmesan-Chips aus der Pfanne nehmen.

Weinsuppe vom Cannstatter Zuckerle

ZUTATEN:

1/8 l Riesling vom Cannstatter Zuckerle, 3/8 l fertig gekochte Hühnerbrühe, 1/16 l süße Sahne, 60 g gekochte Hähnchenbrust, in Würfel geschnitten, 4 Eigelb für die Legierung, 120 ml Sahne für die Legierung, 4 Zweige Zitronenmelisse, Salz nach Geschmack, Pfeffer aus der Mühle nach Geschmack.
Für die Einlage: Weißbrotscheiben ohne Rinde, 25 g Allgäuer Hartkäse, gerieben, 1–2 zerquirlte Eier, Butterschmalz, 4 Scheiben geräucherter Bauch in Scheiben, etwas Frühlingszwiebel, gewaschen, geputzt und in Streifen geschnitten

ZUBEREITUNG:

Die Hühnerbrühe zusammen mit dem Riesling und der Sahne kurz aufkochen lassen. Die mit Sahne zerquirlten Eigelbe in die nicht mehr kochende Suppe einrühren und legieren. Vorsicht, die Suppe darf nicht mehr kochen, sonst gerinnt das Eigelb. Die Suppe mit Salz und Pfeffer aus der Mühle abschmecken.

Die Weißbrotscheiben in wenig Butterschmalz kross braten und abkühlen lassen. Zerquirltes Ei mit dem geriebenen Hartkäse vermengen, die erkalteten Brotscheiben eintauchen und in heißem Butterschmalz ausbacken.

Den Bauchspeck ohne Fettzugabe in heißer Pfanne kross braten. Die Scheiben von der Frühlingszwiebel in einer heißen Pfanne mit Butterschmalz kurz schwenken.

Gaisburger Marsch

ZUTATEN:

500 g Schultermittelblatt oder Bugblatt vom Rind, 1 kg Rinderknochen, klein gehackt, 400 g fertig gekochte Spätzle, 400 g fertig gekochte Salzkartoffeln, 2 Zwiebeln, geschält, in Scheiben geschnitten und in Butterschmalz geschmelzt, 2 Karotten, geschält, 1 kleinerer Sellerie mit Grün, gewaschen, geschält und in grobe Würfel geschnitten, 1/2 Bund Liebstöckel, gewaschen, 1 Bund frische Blattpetersilie, 2 kleinere Petersiliewurzeln, gewaschen, geputzt und in grobe Würfel geschnitten, 1 Zwiebel, geschält, halbiert und beide Schnittseiten in Rapsöl dunkel gebraten, 1 Lorbeerblatt, 1 Lauchstange, geputzt, gewaschen und in Scheiben geschnitten, Schnittlauch, gewaschen und in dünne Scheiben geschnitten, Salz nach Geschmack

ZUBEREITUNG:

Die Rinderknochen in heißem Wasser blanchieren, anschließend mit kaltem Wasser abschrecken. Die blanchierten Knochen erneut mit kaltem Wasser in einem großen Topf mit dem Lorbeerblatt und der gebräunten Zwiebel ansetzen. Diese Knochenbrühe nun ca. 1 1/2 Stunden leicht köcheln lassen. Dann das Rindfleisch hinzufügen und bei 70 Grad eine weitere Stunde leicht ziehen lassen. Anschließend Liebstöckel, Würfel der Petersilienwurzel, Selleriewürfel, Blattpetersilie und geschälte Karotten hinzufügen und ca. 20 Minuten leicht ziehen lassen. Zum Schluss die Lauchscheiben hinzufügen, weitere 5 Minuten ziehen lassen und mit Salz und Pfeffer aus der Mühle abschmecken. Den fertigen Gaisburger Marsch mit den erwärmten Kartoffeln, den heißen Spätzle, der Zwiebelschmelze, dem Gemüse und mit etwas Schnittlauch anrichten.

2010 Trollinger Weißherbst. Ein trockener, jugendlicher Sommerwein mit Duft nach Flieder und Erdbeeren, im Geschmack erfrischend fruchtig.

Weingut Zimmerle

Weintipp

Der halbtrockene
Muskattrollinger mit
seinen herrlich duften-
den Fruchtaromen
ist der ideale Begleiter
zu herzhaften Suppen.

Weingut Häußermann

Kalte Melonensuppe

ZUTATEN:

720 g Wassermelonenfleisch, 20 ausgestochene Zuckermelonen-
kugeln, 80 ml Portwein, 10 ml Zitronensaft, schwarzer Urwald-
pfeffer nach Geschmack, 10 g frischer Ingwer, fein gerieben,
1,2 g Argatine, Zitronenzesten aus 1/2 Zitrone, 12 essbare Tagetesblüten, etwas Tageteskraut

ZUBEREITUNG:

Melonenfleisch zu Püree verarbeiten und durch ein Sieb passieren, mit Portwein, Zitronensaft, Pfeffer und Ingwer würzen.
Einen Teil dieses Pürees mit der Agartine und dem Tageteskraut
aufkochen und zurück in
das restliche kalte Melo-
npüree einrühren.
Zum Durchkühlen in den
Kühlschrank stellen.
Die gekühlte, leicht
gelierende Melonen-
suppe mit den Melonen-
kugeln, Zitronenzesten,
Pfeffer aus der Mühle
und den Tagetesblüten
anrichten.

Kochen ist seine Leidenschaft

Den gebürtigen Österreicher Johannes Guggenberger verschlug es aus der Steiermark vor 25 Jahren in das Schwabenland. Auf Anhieb verliebte er sich so in das Ländle und seine regionalen Besonderheiten, dass er mittlerweile die deutsche Staatsbürgerschaft besitzt. In seinem Kochblog www.stuttgartcooking.com teilt er Monat für Monat raffinierte, einfache und besondere Rezepte mit einer immer größer werdenden Fangemeinde.

Aufgewachsen im elterlichen Landgasthof hat Johannes Guggenberger von Kindesbeinen an Erfahrungen im Hotel- und Gastgewerbe sammeln können. Frische Produkte aus dem eigenen Garten sowie von umliegenden Erzeugern

waren dabei immer die erste Wahl. Diese Erfahrung prägte Johannes Guggenbergerr und bis heute setzt er auf vernünftige Grundzutaten ohne Geschmacksverstärker, Konservierungsstoffe oder sonstige Zusätze. So oft wie möglich kauft er regionale Produkte vor Ort auf den Stuttgarter Wochenmärkten, die in ihrer Vielfalt ihresgleichen suchen. Dabei schätzt er besonders die gute Qualität und die Frische der angebotenen Erzeugnisse. Gerne unterstützt er durch seine Einkäufe auch die heimischen Klein- und Mittelbetriebe, die mit viel Fleiß und Liebe ihre harte Arbeit verrichten. Seine persönliche Vorliebe für Produkte aus Baden-Württemberg dient aber nicht nur dem guten Geschmack, sondern ebenso der Umwelt durch weniger

Transportwege und mehr Transparenz bei artgerechter Tierhaltung. Als Vorbild hat Johannes Guggenberger neben Eckart Witzigmann vor allem Vincent Klink, der ebenfalls bevorzugt auf regionale Produkte setzt.

Guggenbergers Kochleidenschaft bezieht sich im Übrigen nicht nur auf den Geschmack seiner Gerichte, sondern auch auf die optische Gestaltung, die er häufig mit der eigenen Kamera einfängt und neben den alltagstauglichen Rezepten auf seiner Website veröffentlicht. Ob Weinsuppe vom Cannstatter Zuckerle, Schwabenpfännle oder Pfitzauf – Guggenbergers Rezepte versprechen kulinarische Genüsse für den Gaumen und das Auge! Kochen Sie mit!

Schöne Deko-Ideen für Ihren Tisch

Verwöhnen Sie Ihre Gäste nicht nur mit kulinarischen Highlights, sondern machen Sie jedes Essen auch zu einem optischen Genuss! Begeistern Sie Freunde und Bekannte mit Blumenarrangements, die das ganze Jahr eine festliche Stimmung zaubern. Von dezenten Frühlingstönen bis hin zu kräftigen Herbsttönen bietet Ihnen die Natur die schönsten Deko-Ideen. Hortensien sind momentan besonders angesagt, und ihre edle duftige Eleganz verziert jede Tafel.

Rosen sind der Klassiker schlechthin und erfreuen sich ungebrochener Beliebtheit. Spray-Rosen sind Rosen mit etwas kleineren Blüten und sehr gut geeignet für verspielte, romantische und duftige Arrangements. Sie verströmen einen süßen Rosenduft und sind in fast allen Farben erhältlich. Am Beliebtesten sind die Sorten mit voll gefüllten Blüten, die an ein üppiges Rosenbeet an einem schönen Sommermorgen erinnern.

Schöne Deko-Ideen für Ihren Tisch

So wie jede Blume ihre Bedeutung hat, haben auch die Farben ihre ganz eigene Symbolik und lösen beim Menschen bestimmte Empfindungen aus. Die Farbe Blau wird meist als „königlich" empfunden. Im alten Ägypten trug man früher blauen Schmuck, denn man war davon überzeugt, dass die Farbe Blau eine Heilwirkung hat. Die blaue Allium ist ein Liliengewächs, das als Solitär auf dem Tisch ein anregendes Aroma verbreitet.

Die Ranunkeln, mit botanischem Namen Ranunculus Asiaticus, gehören zu den attraktiv blühenden Vorboten des Sommers und schmücken jede Tafel mit ihrer Farbenvielfalt. Besonders schön kommen sie zur Geltung, wenn man sie im Frühjahr zu einer größeren bunten Gruppe zusammenstellt. Ihre volle Blüte ist eine prächtige Erscheinung, die alle Blicke auf sich zieht. Leicht duftig bringt sie frischen Wind in Ihr Zuhause.

Geht der Sommer allmählich zur Neige, darf man ab August auch ruhig zu kräftigeren Tönen greifen und den gedeckten Tisch in ein Farbenmeer verwandeln. Wenn die Natur ihr buntes Herbstkleid anlegt, setzt man gerne auf opulente Arrangements aus Dahlien, Astern oder Sonnenblumen, die den Appetit anregen. Auch bunte Blätter, Eicheln, Bucheckern oder Kastanien können jetzt die Tisch-Dekoration bereichern und eine ganz eigene Stimmung zaubern.

Besonders exotisch und elegant wirkt die ursprünglich in Afrika beheimatete Calla, die in den letzten Jahren immer beliebter wurde. Als Schnittblume ist sie lange haltbar und in verschiedenen Farben erhältlich. Ihre majestätische Blüte begeistert Ästheten und Puristen gleichermaßen mit ihrer streng geometrisch wirkenden Blütenform. Ihre extravagante Erscheinung veredelt jeden gedeckten Tisch mit klassischem Understatement und als Solitär in einer schlichten Vase kommt sie am Besten zur Geltung.

Schwäbischer Zwiebelrostbraten

ZUTATEN:

4 dicke Rumpsteaks à ca. 200 g, 4 größere Zwiebeln, geschält und in Scheiben geschnitten, etwas Mehl, 1 l Braune Sauce, selbst hergestellt oder aus dem Glas, 40 g Butterschmalz, 20 g Rapsöl, Salz nach Geschmack, Pfeffer aus der Mühle nach Geschmack

ZUBEREITUNG:

Die Zwiebelscheiben in einer heißen Pfanne mit Butterschmalz weich schmelzen, dann mit der braunen Sauce auffüllen und mit Salz und Pfeffer abschmecken. Die Rostbraten in einer heißen Pfanne von beiden Seiten medium braten. Mit der Braunen Sauce, die vorher mit einem guten Trollinger abgeschmeckt wurde, den frittierten Zwiebeln und den Rostbraten anrichten.

TIPP:

Am besten nimmt man für den Zwiebelrostbraten Fleisch von der Hochrippe. Die Hochrippe hat etwas mehr Fettgehalt als der Rinderrücken und schmeckt somit wesentlich saftiger. Es empfiehlt sich, einen Rostbraten immer medium, also noch rosa gebraten, zu servieren. So schmeckt er einfach am besten!

Weintipp

2007 Zweigelt trocken. Ein fülliger Barrique-Rotwein mit geschmacklicher Tiefe und anregender Eleganz. Die reife harmonische Tannin-Struktur, sein charaktervoll, würziges Aroma und der Duft nach Waldbeeren machen ihn zu einem ganz besonderen Wein. Kräftig dunkelrote Farbe mit blauen Reflexen.

Weingut Jochen Mayer

Rinderfilet an Pfeffer-Sauce mit Schwäbischem Whisky und dunkler Schokolade

ZUTATEN:

Für die Pfeffer-Sauce mit Schwäbischem Whisky und dunkler Schokolade: 500 ml Sauce Demi-Glace, 2 Schalotten, in Würfel geschnitten, 40 g Preiselbeeren aus dem Glas, 100 ml Sahne, ein guter Schuss Schwäbischer Whisky, dunkle Schokolade, lauwarm oder fein geraspelt nach Geschmack, 20 g Butterschmalz, grob gemahlener Pfeffer, frisch aus der Mühle nach Geschmack, eventuell etwas Mehlbutter oder eiskalte Butterflocken zum Binden, Salz nach Geschmack

ZUBEREITUNG:

Die Schalottenwürfel in einer heißen Pfanne mit Butterschmalz anschwitzen, dann mit einem kräftigen Schuss Whisky ablöschen. Nun die Sauce Demi-Glace und etwas Sahne hinzufügen. Die Sauce etwas durchkochen lassen, dann die Preiselbeeren einrühren. Mit Salz und Pfeffer aus der Mühle abschmecken und die Sauce vom Herd nehmen. Kurz vor dem Anrichten die vorher geschmolzene dunkle Schokolade einrühren. Das Rinderfilet wie gewohnt zubereiten. Dazu empfiehlt sich eine Spätzlespfanne mit Pfifferlingen und Speck.
Diese Sauce passt auch hervorragend zu Wild und anderen Fleischsorten.

Rinderfilet an Sauce-Diable mit Trüffel-Kartoffeln

ZUTATEN:

4 Rinderfiletsteaks à 200 g, 20 g Rapsöl, Salz nach Geschmack, Pfeffer aus der Mühle nach Geschmack.
Für die Sauce:
1/2 l Kalbsfond, 1/4 l trockener Weißwein, ganze Pfefferkörner, zerdrückt nach Geschmack, 2 Schalotten, geschält und grob gewürfelt, etwas Tomatenmark, ein Schuss Winzeressig, einige eiskalte Butterflocken für die Bindung, frischer Estragon, gehackt und frischer Kerbel, gehackt sowie Salz und Pfeffer aus der Mühle jeweils nach Geschmack, eine Prise Zucker.
Für die Trüffelkartoffeln:
800 g Trüffelkartoffeln, gebürstet und gekocht, 30 g Butter, Salz nach Geschmack, Pfeffer aus der Mühle nach Geschmack

ZUBEREITUNG:

In einer heißen Pfanne mit Rapsöl die Steaks auf beiden Seiten am besten medium braten. Für die Sauce den Essig mit dem Weißwein, den zerdrückten Pfefferkörnern, den Schalotten, Estragon und Kerbel in einen Topf geben und die Flüssigkeit bei mittlerer Hitze auf mindestens ein Drittel einkochen. Den Kalbsfond angießen, etwas Tomatenmark hinzufügen und etwa zwanzig Minuten leicht köcheln, bis die Sauce dickflüssig ist. Die Sauce passieren, mit ein paar Butterflocken binden und mit Salz, einer Prise Zucker und Pfeffer abschmecken. In einer heißen Pfanne die Butter aufschäumen lassen, dann die noch heißen Trüffelkartoffeln darin schwenken. Mit Salz und Pfeffer aus der Mühle abschmecken.

Weintipp

Der trockene Lemberger mit kurzer Lagerzeit im kleinen Holzfass bringt die kräftigen Lemberger-aromen wunderbar zur Geltung.

Weingut Häußermann

Rinderroulade an Lembergersößle und Spätzle

ZUTATEN:

4 dünne Rindsschnitzel für Rouladen, 80 g Karotten, geschält und in Stifte geschnitten, 80 g Sellerie, geschält und in Stifte geschnitten, 40 g Lauch, geputzt und in Stifte geschnitten, 1 kleiner Bund Petersilie, gewaschen, etwas Senf zum Einstreichen der Roulade, 80 g roher geräucherter Schwäbischer Bauchspeck, in dünne Scheiben geschnitten, Salz und Pfeffer aus der Mühle nach Geschmack, Braune Sauce, selbst hergestellt oder aus dem Glas, 20 g Rapsöl, 1/16 l Lemberger aus Baden-Württemberg

ZUBEREITUNG:

Die dünnen Rindsschnitzel mit Salz und Pfeffer aus der Mühle würzen und mit Senf bestreichen. Anschließend den Speck und abwechselnd die Stifte von Karotten, Sellerie, Lauch und Petersilie im Ganzen auflegen. Die Roulade einrollen und mit Zahnstochern oder Rouladenbinder verschließen. Dann die Rouladen und das restliche übriggebliebene Gemüse von Karotten, Sellerie, Lauch und Petersilie in heißem Rapsöl scharf anbraten, mit Lemberger ablöschen und mit der Braunen Sauce angießen. Die Rouladen bei ca. 130 Grad im Ofen schmoren, bis sie schön weich sind. Anschließend die Rouladen aus der Sauce nehmen und bei 80 Grad im Ofen warm stellen. Das Gemüse abseihen und die Sauce sämig einreduzieren lassen.
Mit Lemberger, Salz und Pfeffer abschmecken.

Kalbstafelspitz mit Wurzelgemüse, Salzkartoffeln und geriebenem Meerrettich

ZUTATEN:

1,2 kg Kalbstafelspitz, 2,5 l fertige Rinderbrühe, 2–3 Karotten, geschält und in dickere Scheiben geschnitten, 1 kleinere Sellerie-knolle, geschält und in grobe Würfel geschnitten, 1 Bund Petersilie, 2 Lorbeerblätter, 5 Wacholderbeeren, 10 Pfefferkörner, 1 Lauchstange, in dickere Scheiben geschnitten, Salz.
Für das Wurzelgemüse:
150 g Karotten sowie 150 g Sellerie, geschält und in dünne Streifen geschnitten,150 g Lauch, geputzt, gewaschen und in dünne Streifen geschnitten, 1 Bund glatte Petersilie, gehackt, frischer geriebener Meerrettich nach Geschmack.
Beilage: Salzkartoffeln

ZUBEREITUNG:

Den Tafelspitz mit kaltem Wasser gut abwaschen, in einen großen Topf einlegen und mit der kalten Rinderbrühe auf-gießen. Lorbeerblätter, Wacholderbeeren und Pfefferkörner hinzufügen. Anschließend den Tafelspitz bei ca. 80 Grad ziehen lassen, bis er weich geworden ist. Im letzten Zeitdrittel die Karottenwürfel, Selleriewürfel, Petersilie und Lauchscheiben hinzufügen. Den fertigen Tafelspitz aus der Suppe nehmen und warm stellen. Die Suppe durch ein Haarsieb gießen, ca. 1/2 Liter davon in einen Topf geben. Das vorbereitete Wurzelgemüse, zuerst die Karottenstreifen und die Sellerie-streifen, danach die Lauchstreifen in der fertigen Brühe gar ziehen lassen. Den Tafelspitz in Portionen schneiden und mit dem Wurzelgemüse, etwas Brühe, frisch geriebenem Meer-rettich, Salzkartoffeln und der gehackten Petersilie anrichten. Als Beilage eignen sich gekochte Salzkartoffeln.

Lammkoteletts mit Kürbisragout

ZUTATEN:

Für das Kürbisragout: 1/2 Hokkaidokürbis in Bio-Qualität mit der Schale, 1 grüner Paprika, geschält und entkernt, 1 roter Paprika, geschält und entkernt, Gemüsebrühe nach Geschmack, 2 Schalotten, in kleine Würfel geschnitten, 1 Knoblauchzehe, fein gehackt, Balsamico nach Geschmack, 1/8 l Sahne, Olivenöl nach Geschmack, etwas Honig, ca. 5 – 10 Blätter frische Minze, Salz nach Geschmack, Pfeffer aus der Mühle nach Geschmack

ZUBEREITUNG:

Den Hokkaidokürbis teilen, vom Kerngehäuse befreien und anschließend in grobe Würfel schneiden. In einem Topf mit heißem Olivenöl die Schalottenwürfel und den Knoblauch anschwitzen, dann die Kürbiswürfel und etwas Gemüsebrühe hinzufügen. Wenn die Kürbiswürfel bissfest gegart sind, etwa die Hälfte der Würfel entnehmen und beiseite stellen. Die andere Hälfte zusammen mit Sahne, Minze, Balsamico, Olivenöl und etwas Honig mit dem Pürierstab pürieren. Dann die Paprikawürfel hinzufügen und ca. 3 Minuten leicht köcheln lassen. Zum Schluss die vorher entnommenen Kürbiswürfel dazugeben und mit Salz und Pfeffer abschmecken.

Die Lammkoteletts wie gewohnt zubereiten, beim Anrichten das ganze Gericht mit etwas Olivenöl beträufeln.

Weintipp

2010 Cabernet Dorsa.
Trockener Qualitäts-
wein im Holzfassausbau
mit einem vollen Duft
nach Cassis und Nelken.
Der weiche Körper mit
lebendigem Abgang
belebt die Sinne und
vereint die Elternteile
Cabernet Sauvignon und
Dornfelder.

Weingut Zimmerle

Schwäbisch-Hällischer Schweinehals mit einer Brezelfüllung

(für ca. 8–10 Personen)

ZUTATEN:

1 ganzer Schweinehals vom Schwäbisch-Hällischen Landschwein, 1,5 kg klein gehackte Schweineknochen, Abschnitte vom Zuschneiden des Schweinehalses, 30 g Tomatenmark, 200 g Lauch, geputzt, gewaschen und in Scheiben geschnitten, 200 g Sellerie, geschält und in Würfel geschnitten, 200 g Karotten, geschält und in Scheiben geschnitten, 1 Bund Blattpetersilie, gewaschen und grob gehackt, Salz nach Geschmack, Pfeffer aus der Mühle nach Geschmack, 30 g Rapsöl, 1/4 l Trollinger aus Baden-Württemberg, 1 l milde Gemüsebrühe, etwas Mehlbutter für eine leichte Bindung.
Für die Füllung: 500 g Laugenbrezelwürfel vom Vortag, vom Salz befreit und in Würfel geschnitten, 3 Eier, 50 g Mehl, 50 g Butterschmalz, 400 ml lauwarme Milch, 125 g Schalotten, geschält und in kleine Würfel geschnitten, 1 Bund Blattpetersilie, gewaschen und fein gehackt, Salz nach Geschmack, Pfeffer aus der Mühle, Muskat, frisch gerieben

ZUBEREITUNG:

Die Laugenbrezelwürfel in heißem Butterschmalz kurz rösten, dann aus der Pfanne nehmen, in ein größeres Gefäß geben und mit etwas Mehl vermischen. Dann die Schalottenwürfel in heißem Butterschmalz anschwitzen, die gehackte Petersilie kurz hinzufügen, anschließend zu den Würfeln der Laugenbrezeln geben. Die zerquirlten Eier sowie die lauwarme Milch, etwas frisch geriebenen Muskat zur Masse hinzufügen und mit Salz und Pfeffer aus der Mühle würzen. Dann diese Masse gut vermengen und ca. 30 Minuten ziehen lassen.

Den ganzen Schweinehals von allen Seiten leicht zuschneiden, die Abschnitte anschließend für die Zubereitung der Sauce verwenden. Nun in die Mitte des Schweinehalses der Länge nach eine Tasche schneiden. Die Brezelfüllung in die Tasche einfüllen und am besten mit einem Kochlöffel immer wieder nachdrücken, damit die Füllung gleichmäßig verteilt wird. Nach dem Füllen die Öffnung mit einem starken Garn vernähen oder mit Holzspießen verschließen. Das Bratenstück mit Salz und Pfeffer aus der Mühle würzen und von allen Seiten in einer Bratpfanne mit heißem Rapsöl anbraten. Anschließend den Braten aus der Pfanne nehmen und in der Pfanne nun die gehackten Schweineknochen und die Abschnitte vom Schweinehals scharf anbraten. Dann das geschnittene Gemüse und etwas Tomatenmark zugeben. Alles zusammen nochmals gut durchrösten und mit dem Trollinger ablöschen. Etwas Gemüsebrühe zugießen, den angebratenen gefüllten Schweinehals aufsetzen und im Rohr bei 150 Grad ca. 1 1/2 Stunden garen lassen. Immer wieder mit Gemüsebrühe und etwas Trollinger aufgießen.

Wenn der gefüllte Schweinehals fertig ist, diesen aus der Bratpfanne nehmen und bei ca. 80 Grad ungefähr 20 Minuten warm stellen. So kann sich der Fleischsaft im Bratenstück verteilen, beim Schneiden verliert das gute Stücke damit wesentlich weniger von der Flüssigkeit. Die Sauce aus der Bratpfanne durch ein Haarsieb passieren, mit Salz und Pfeffer aus der Mühle abschmecken und mit der Mehlbutter zur gewünschten Dicke binden. Nach dem Binden die Sauce noch etwas (ca. 2 Minuten) durchkochen lassen.

Schwabenpfännle

ZUTATEN:

800 g Schweinefilet vom Schwäbisch-Hällischen Landschwein, Salz nach Geschmack, Pfeffer aus der Mühle nach Geschmack, 20 g Rapsöl.
Für die Champignon-Sauce: 130 g frische Champignons in Scheiben geschnitten, 1 größere Zwiebel, geschält und klein gewürfelt, 1 kleiner Bund Blattpetersilie, gehackt, 1/16 l Trollinger aus Baden-Württemberg, 180 g frische Sahne, 30 g eiskalte Butterflocken, 10 g Butterschmalz, Salz nach Geschmack, Pfeffer aus der Mühle nach Geschmack, 1/2 l Braune Sauce selbst herge-stellt oder aus dem Glas.
Für die Käse-Spätzle: 400 g Mehl, 4 Eier, 80 ml Wasser, 8 g Salz, Butterschmalz, frisch geriebener Hartkäse, Pfeffer aus der Mühle nach Geschmack.
Weitere Zutaten: 4 Party-Maultaschen, abgeschmelzt, Butter-schmalz, 1 Zwiebel, geschält und gewürfelt

ZUBEREITUNG:

Das Schweinefilet von Sehnen befreien und zu Medaillons schneiden. Mit Salz und Pfeffer aus der Mühle würzen und von beiden Seiten in einer heißen Pfanne mit Rapsöl braten.
Die Zwiebelwürfel mit den Champignonscheiben in heißem Butterschmalz ca. 3 Minuten anschwitzen. Dann die gehackte Petersilie hinzufügen und mit etwas Trollinger ablösen. Anschließend mit Sahne und der Sauce Demi-Glace aufgießen. Mit Salz und Pfeffer würzen, vom Herd nehmen und etwas kalte Butterflocken einrühren.

Die Spätzleszutaten zu einem Teig verarbeiten und vom Spätzlesbrett in das siedende Salzwasser schaben. Kurz aufkochen lassen und anschließend die fertigen Spätzle aus dem Wasser nehmen. Die heißen abgetropften Spätzle kurz in heißem Butterschmalz mit dem geriebenen Hartkäse schwenken, mit Salz und Pfeffer aus der Mühle würzen. Die Zwiebelwürfel in Butterschmalz glasig anschwitzen und darin die Maultasche bis zum Anrichten erhitzen.

Schwäbische Wurstknöpfle

ZUTATEN:

50 g in wenig warmer Milch eingeweichte Weißbrotwürfel,
300 g Stuttgarter Fleischkäse, in kleine Würfel geschnitten,
1 Zwiebel, geschält und in ganz kleine Würfel geschnitten,
1 Bund Blattpetersilie, gewaschen und fein gehackt,
20 g Butterschmalz, Salz nach Geschmack, Pfeffer aus der Mühle
nach Geschmack, zum Anrichten etwas gehobelten Hartkäse
und Schnittlauch, in Röllchen geschnitten, darüberstreuen.
Für den Spätzlesteig: 400 g Mehl, 4 Eier, 80 ml Wasser, 8 g Salz.
Für das Lembergersößle: 1/16 l Lemberger aus Baden-Württemberg, Braune Sauce, selbst hergestellt oder aus dem Glas,
20 g Butterschmalz, 2 Schalotten, geschält und in kleine Würfel
geschnitten, Salz nach Geschmack, Pfeffer aus der Mühle nach
Geschmack.
Für die Zwiebelringe: 1 Zwiebel, geschält und in dünne Scheiben
geschnitten, Rapsöl zum Frittieren, Mehl

ZUBEREITUNG:

Aus oben genannten Zutaten einen Spätzlesteig herstellen.
Die Würfel vom Fleischkäse, die Zwiebel und die gehackte
Petersilie in heißem Butterschmalz anschwitzen, anschließend
diese Masse erkalten lassen. Den Spätzlesteig mit den Weiß-
brotwürfeln und der Wurstmasse gut vermengen und mit
Salz und Pfeffer abschmecken. Von der fertigen Masse mit zwei
Kaffeelöffeln Nocken formen und in siedendem Salzwasser
ca. 7 Minuten ziehen lassen. Anschließend mit einem Schaumlöffel aus dem Wasser nehmen, abtropfen lassen und in einer
Pfanne mit heißem Butterschmalz schwenken. Die Schalottenwürfel in heißem Butterschmalz glasig anschwitzen, mit dem
Lemberger ablöschen und mit der Braunen Sauce aufgießen.
Die Sauce für einen kräftigen Geschmack einreduzieren lassen
und mit Salz und Pfeffer abschmecken. Die Zwiebelscheiben
melieren und vom restlichen Mehl abschütteln, anschließend in
heißem Rapsöl goldgelb frittieren.

ZUBEREITUNG:

Den Spanferkelbauch mit Salz, Kümmel und Pfeffer aus der Mühle würzen und mit dem gehackten Knoblauch einreiben. Mit etwas dunklem Bier angießen. Dann den Braten zugedeckt, am besten über Nacht, im Kühlschrank ziehen lassen. In einer Kasserolle mit heißem Rapsöl auf beiden Seiten anbraten, dann bei ca. 140 Grad im Backofen fertig garen lassen. Während des Bratvorgangs immer wieder mit dunklem Bier angießen. Die Linsen mit wenig Salzwasser zusammen mit der gespickten Zwiebel ca. 10 Minuten kochen lassen. Dann die Braune Sauce hinzufügen und weitere 10 Minuten köcheln lassen. Anschließend großzügig vom Trollinger angießen und die Karottenwürfel sowie die Steckrübenwürfel einrühren. Nach ca. 5 Minuten

Spanferkelbraten an schwäbischem Alblinsen-Gemüse

ZUTATEN:

1.2 kg Bratenstück vom Spanferkel, 30 g Rapsöl, 2 Zehen frischer Knoblauch, geschält und grob gehackt, 1 TL Kümmel ganz, 0,5 l dunkles Bier, Salz nach Geschmack, Pfeffer aus der Mühle nach Geschmack.
Für das Linsengemüse: 400 g Linsen von der Schwäbischen Alb, 200 g Steckrüben, geschält und in Würfel geschnitten, 200 g Karotten, geschält und in Würfel geschnitten, 150 g Lauch, geputzt, gewaschen und in Streifen geschnitten, 1/8 l Trollinger aus Baden-Württemberg, 3/4 l Braune Sauce, eine halbe mit 2 Lorbeerblättern und 3 Nelken gespickte Zwiebel, Salz und Pfeffer aus der Mühle jeweils nach Geschmack, eine Prise Zucker, frisch geriebener Meerrettich nach Geschmack

die Lauchscheiben hinzugeben. Weiter köcheln lassen, bis die Linsen weich geworden sind. Einen kleinen Teil des Linsengemüses in ein Gefäß füllen und mit dem Stabmixer pürieren. Damit dem Linsengemüse eine leichte Bindung geben. Mit Salz, einer Prise Zucker und Pfeffer aus der Mühle abschmecken. Mit frisch geriebenem Meerrettich garniert anrichten.

Weintipp

2010 Merlot. Die trockene Spätlese überrascht mit einem breit gefächerten Duft nach Röstaromen von Zwetschgen und Wacholder. Würzig, fruchtig, weich im geschmeidigen Abgang.

Weingut Zimmerle

Schwäbische Mehlsäck

ZUTATEN:

Für die Sauerkrautfüllung: 600 g Sauerkraut,
Gemüsebrühe, 120 g Schweineschmalz,
150 g geräucherter Speck, 2 Schalotten,
1 Apfel, Salz nach Geschmack, Pfeffer aus
der Mühle nach Geschmack.
Für den Nudelteig: 300 g Mehl, 4 Eigelb,
1 ganzes Bio-Ei, etwas Rapsöl, Salz

ZUBEREITUNG:

Das Griebenschmalz erwärmen und von den
Grieben abseihen. Schalotten in kleine
Würfel schneiden, Apfel vierteln, entkernen
und würfeln. Den Speck in kleine Würfel
schneiden. Die Hälfte der Schalottenwürfeln
mit den Apfel- und Speckwürfeln in 2/3 des
Schmalzes glasig dünsten. Dann das Sauerkraut und etwas Gemüsebrühe hinzufügen
und ca. 10 Minuten weiter dünsten und einreduzieren lassen.
Mit Salz und Pfeffer aus der Mühle würzen, alles zusammen
abkühlen lassen. Die restlichen Schalottenwürfel im Schmalz
andünsten und in die feuerfeste Auflaufform geben, in die
später die eingerollten Mehlsäck hineinkommen. Alle oben
genannten Zutaten zu einem festen Nudelteig kneten. In eine
Folie eingepackt mindestens 2 Stunden (noch besser über
Nacht) im Kühlschrank ruhen lassen.

Den Teig vor der weiteren Verarbeitung auf Zimmertemperatur
bringen und dann dünn ausrollen. Die vorher hergestellte
Sauerkrautfüllung aufstreichen, alles zusammen einrollen und
in gleichmäßige Stücke schneiden. Die Stücke nun in die vorbe-
reitete Auflaufform so hineinlegen, dass sie sich nicht berühren.
Mit ganz wenig Gemüsebrühe befeuchten. Im vorgeheizten
Backofen bei 150 Grad ca. 10 Minuten backen, dann mit etwas
Gemüsebrühe aufgießen und 15 Minuten weiterbacken.

Käsespätzle mit Speck und Champignons

ZUTATEN:

Für die Spätzle: 400 g Mehl, 3 Eier, 80 ml Wasser, 8 g Salz.
Weitere Zutaten: 100 g Allgäuer Emmentaler, gerieben, 100 g Allgäuer Bergkäse, gerieben, 80 g frische Champignons, in Scheiben geschnitten und in Butterschmalz gebraten, 80 g geraucher Speck, in Würfel geschnitten und in einer Pfanne ausgelassen, 60 g Butter, 160 g Zwiebeln, geschält, in dünne Scheiben geschnitten und in Butterschmalz abgeschmelzt, 1 kleiner Bund frischer Schnittlauch, in dünne Röllchen geschnitten, 1/4 l frische Sahne, Pfeffer aus der Mühle, Salz

ZUBEREITUNG:

Von obigen Zutaten einen glatten, nicht zu dünnen Teig herstellen und ca. 30 Minuten ruhen lassen. Anschließend mit dem Spätzlesbrett und einer Palette dünne Spätzle in leicht kochendes Salzwasser schaben. Sobald die Spätzle oberhalb des Wassers schwimmen, mit einem Sieb herausnehmen, kurz im kalten Wasser schwenken und trocknen lassen. Die fertigen Spätzle in einer heißen Pfanne mit Butter kurz anbraten.

Mit der Sahne angießen, dann den geriebenen Käse, die gebratenen Champignonscheiben, die geschmelzten Zwiebeln und den gehackten Schnittlauch unterrühren. Bei kleiner Hitze rühren, bis der Käse vollständig geschmolzen ist. Zum Schluss mit Pfeffer und Salz abschmecken (vorsicht mit dem Salz, der Käse und der Speck haben jede Menge Power). Anschließend sofort servieren.

Weintipp

Die ideale Ergänzung zu Käsespätzle ist der trockene Dornfelder. Er ist herzhaft und vollmundig mit einer tollen Frucht.

Weingut Häußermann

Käsespätzle mit Speck vom Schwäbisch-Hällischen Landschwein

ZUTATEN:

Für die Spätzle: 400 g Mehl, 3 Eier, 80 ml Wasser, 8 g Salz. Weitere Zutaten: 100 g Allgäuer Emmentaler, gerieben, 100 g Allgäuer Bergkäse, gerieben, 200 g geraucher Speck, in Würfel geschnitten und in einer Pfanne ausgelassen, 160 g Zwiebeln, geschält, in dünne Scheiben geschnitten und in Butterschmalz abgeschmelzt, 1 kleiner Bund Blattpetersilie, gehackt, 1/4 l frische Sahne, Pfeffer aus der Mühle, Salz, 60 g Butter

ZUBEREITUNG:

Von obigen Zutaten einen glatten, nicht zu dünnen Teig herstellen und ca. 30 Minuten ruhen lassen. Anschließend mit dem Spätzlesbrett und einer Palette dünne Spätzle in leicht kochendes Salzwasser schaben. Sobald die Spätzle oberhalb des Wassers schwimmen, mit einem Sieb herausnehmen, kurz in kaltem Wasser schwenken und trocknen lassen. Die fertigen Spätzle in einer heißen Pfanne mit Butter kurz anbraten. Mit der Sahne angießen, dann den geriebenen Käse, den ausgelassenen Speck, die geschmelzten Zwiebeln und die gehackte Blattpetersilie unterrühren. Bei kleiner Hitze rühren, bis der Käse vollständig geschmolzen ist. Zum Schluss noch mit Pfeffer und Salz (vorsicht mit dem Salz, der Käse und Speck hat jede Menge Power) abschmecken. Anschließend sofort servieren.

Krautspätzle mit gerauchtem Bauch

ZUTATEN:

600 g Weißkraut, in Streifen geschnitten, 50 g Griebenschmalz, Gemüsebrühe, Kreuzkümmel nach Geschmack (es geht auch ganz normaler Kümmel), Salz nach Geschmack, Pfeffer aus der Mühle nach Geschmack, eine Prise Zucker, 1/16 l Weißwein, z. B. ein Kerner aus Baden-Württemberg, 300 g gekochter Bauchspeck, in Streifen geschnitten und in einer heißen Pfanne etwas ausgelassen.

Für die Spätzle: 400 g Mehl, 3 Eier, 80 ml Wasser, 8 g Salz,

ZUBEREITUNG:

Von obigen Zutaten einen glatten, nicht zu dünnen Teig herstellen und ca. 30 Minuten ruhen lassen. Anschließend mit dem Spätzlesbrett und einer Palette dünne Spätzle in leicht kochendes Salzwasser schaben. Sobald die Spätzle oberhalb des Wassers schwimmen, mit einem Sieb herausnehmen, kurz in kaltem Wasser schwenken und trocknen lassen.

Die Krautstreifen in einer heißen Pfanne mit Griebenschmalz etwas bräunlich anbraten. Dann wenig Zucker hinzufügen und ganz leicht karamellisieren lassen. Sofort mit dem Kerner ablöschen und mit etwas Gemüsebrühe angießen. Das Kraut nun in dieser Flüssigkeit bissfest kochen. Einreduzieren lassen, es darf nicht zu flüssig sein. Anschließend die Spätzle und den ausgelassenen Bauchspeck hinzufügen und mit Salz und Pfeffer aus der Mühle würzen. Beim Anrichten obenauf etwas vom Kreuzkümmel streuen.

Leberspätzle

ZUTATEN:

250 g Schweineleber, gewolft (kann vom Metzger gemacht werden), 250 g Mehl, 2 Eier, Pfeffer aus der Mühle nach Geschmack, Salz nach Geschmack, 1 Zwiebel, 20 g Butter, frischer Bärlauch und frische glatte Petersilie sowie frischer Majoran, gehackt jeweils nach Geschmack

ZUBEREITUNG:

Salzwasser in einem Topf zum Kochen bringen. Die Lebermasse mit Mehl, Eiern, Majoran, Petersilie, Bärlauch und den Gewürzen in eine Schüssel geben und gut verrühren und schlagen, bis der Teig glatt ist. Den Spätzlesteig auf ein Spätzlesbrett streichen und in das Salzwasser schaben. Alternativ kann man auch eine Spätzlespresse verwenden. Wenn die Spätzle oben schwimmen, sind sie fertig und können mit einem Schaumlöffel herausgenommen werden. Spätzle kurz in kaltes Wasser und dann auf ein Tuch geben.

Die Zwiebel schälen, halbieren und in dünne Scheiben schneiden. Butter in einer Pfanne erhitzen, die Zwiebel darin hell anrösten, Spätzle dazugeben und mit anbraten. Die Spätzle dürfen leicht angebräunt, aber nicht knusprig sein. Beim Anrichten ganz dünne Pecorinoscheiben obendrauf legen, das gibt den Leberspätzle einen feinen würzigen Geschmack. Dazu passt Kartoffel-Ackersalat.

Gefüllter Kürbis nach Art „stuttgartcooking"

ZUTATEN:

1 mittelgroßer Hokkaido-Kürbis, 800 g handgeschabte Spätzle, 200 g Allgäuer Bergkäse, gerieben, 100 g geräuchter Bauchspeck, in kleine Würfel geschnitten, 220 ml Sahne, 1 Bund glatte Petersilie, gehackt, einige Kürbiskerne, geröstet, 30 g warme Butter, Salz nach Geschmack, Pfeffer aus der Mühle nach Geschmack. Für die Zwiebel-Trollinger-Sauce: 1/2 l Sauce Demi-Glace oder Braune Sauce, 2 Zwiebeln, geschält und in Scheiben geschnitten, 20 g Butterschmalz, 1/8 l Trollinger aus Baden-Württemberg, etwas Mehlbutter für die Bindung, Salz nach Geschmack, Pfeffer aus der Mühle nach Geschmack, eine Prise Zucker

ZUBEREITUNG:

Vom Hokkaidokürbis den Deckel abschneiden und großzügig aushöhlen. Die gesamte Innenseite vom Kürbis mit der warmen Butter ausstreichen und mit Salz und Pfeffer aus der Mühle würzen. Die Speckwürfel in einer heißen Pfanne etwas auslassen. Die Spätzle in eine größere Schüssel geben, Sahne, geriebenen Käse und die ausgelassenen Speckwürfel hinzufügen. Mit Salz (vorsicht, das Ganze hat durch den Käse und Speck schon Power) und Pfeffer aus der Mühle würzen und alles zusammen gut vermengen. Mit dieser Käse-Spätzles-Masse nun den Kürbis bis zum Rand füllen. Mit dem Kürbisdeckel schließen und den gesamten Kürbis mit Alufolie einpacken. Nun den Kürbis im vorgeheizten Backofen bei ca. 170 Grad weich werden lassen. Beim Anrichten über die Käsespätzle die gehackte Petersilie und einige Kürbiskerne streuen.

Für die Sauce:
In einer heißen Pfanne mit etwas Butterschmalz die Zwiebel-scheiben schmelzen. Dann die Sauce Demi-Glace oder Braune Sauce und einen guten Schuss Trollinger hinzufügen und aufkochen lassen. Mit etwas Mehlbutter binden und mit einer Prise Zucker, Salz und Pfeffer aus der Mühle abschmecken.

Krautwickel

ZUTATEN:

4 große, schöne Blätter vom Filderkraut (mit anderem Weißkraut klappt das aber genauso gut), 300 g gemischtes Hackfleisch, 1 Brötchen in Scheiben geschnitten und in ganz wenig lauwarmer Milch eingeweicht, 1 Ei, 1 Zwiebel, geschält, gewürfelt und in heißem Rapsöl angeschwitzt, Salz nach Geschmack, Pfeffer aus der Mühle nach Geschmack, eine Prise Muskat, frisch gerieben, 1/2 l Braune Sauce, selbst hergestellt oder aus dem Glas, 1/16 l Trollinger aus Baden-Württemberg, evtl. etwas Speisestärke

ZUBEREITUNG:

Einen kleineren Krautkopf großzügig vom Strunk und den äußeren Blätter befreien, dann den geputzten Krautkopf ca. 10 Minuten in siedendem Salzwasser kochen. Anschließend in Eiswasser (so bleibt die schöne Farbe des Krautes erhalten) legen und abkühlen lassen. Dann die einzelnen Blätter vom Krautkopf nehmen und diese etwas trocknen lassen. Das Hackfleisch mit den eingeweichten Brötchen und den angeschwitzten Zwiebelwürfeln gut vermengen. Mit Salz, Pfeffer aus der Mühle, Ei und einer ganz kleinen Prise Muskat würzen. Anschließend das fertige Hackfleisch ein paar Minuten durch-

ziehen lassen. Die Krautblätter auslegen, etwas von der Hackfleischfüllung drauflegen und einschlagen. Die Braune Grundsauce mit Trollinger abschmecken und in eine feuerfeste Form gießen. Darauf die Krautwickel legen und das Ganze im Backofen bei ca. 135 Grad ungefähr 25 Minuten (hängt von der Größe der Krautwickel ab) fertig garen. Zum Schluss noch etwas übrig gebliebenes Kraut klein schneiden und ein paar Minuten mit der Sauce mitgaren lassen. Sollte die Sauce durch den Krautsaft zu dünn geworden sein, kann man sie mit etwas Speisestärke abbinden.

Maultaschen an Trollinger-Sößle und Zwiebelschmelz

ZUTATEN:

Nudelteig, fertig gekauft (z. B. vom Bäcker) oder selbst hergestellt, 300 g Bratwurstbrät, 100 g geräucherter Bauchspeck,
in kleine Würfel geschnitten, 500 g frischer Spinat, geputzt,
blanchiert, in Eiswasser erkaltet, ausgedrückt und fein gehackt,
1 Bund glatte Petersilie, fein gehackt, 2 kleinere Zwiebeln,
geschält und fein gewürfelt, Butterschmalz, Pfeffer aus der
Mühle, eine Prise geriebenen Muskat.
Für das Trollinger-Sößle: 1/4 l Sauce Demi-Glace, ein Schuss
Trollinger aus Baden-Württemberg, 20 g eiskalte Butterflocken.
Für die Zwiebelschmelze: 500 g Zwiebeln, geschält und in dünne
Scheiben geschnitten, Butterschmalz

ZUBEREITUNG:

Die Zwiebelwürfel zusammen mit den Speckwürfeln in heißen
Butterschmalz glasig andünsten, dann die Pfanne vom Herd
nehmen. Die erkaltete Zwiebel-Speckmasse, den ausgedrückten
gehackten Spinat und die gehackte Petersilie gut in das Bratwurstbrät einmengen. Mit Salz, Pfeffer aus der Mühle und
einer Prise geriebenem Muskat würzen. Die fertige Maultaschenfüllung für die weitere Verarbeitung in den Kühlschrank stellen.
Dann den Teig dünn ausrollen und in kleine Rechtecke
schneiden. In die Mitte kommt die Maultaschenfüllung, der
Teig wird an den Rändern mit zerquirltem Ei bestrichen.
Obenauf kommt nun ein gleich großes Teigstück. Erst die
Ränder andrücken, dann die Mitte der Maultasche platt

drücken, damit sich die Maultaschenfüllung verteilen kann.
Die Maultaschen in siedendem Salzwasser ungefähr 5 Minuten
ziehen lassen. Vorsicht: Das Salzwasser nicht Kochen lassen.
Alternativ kann man auch mit einem Spritzsack die Brätmasse
am Stück auf den ausgerollten Nudelteig spritzen. Dann den
gesamten Teig umschlagen und mit einem Messer zu Maultaschen portionieren. Die Sauce Demi-Glace in einem Topf
erhitzen und einen Schuss Trollinger hinzufügen. Eventuell mit
Salz und Pfeffer aus der Mühle würzen, vom Feuer nehmen
und die kalten Butterflocken rasch einrühren. Die Zwiebelscheiben in heißem Butterschmalz goldgelb braten.

Maultaschen-Pfanne mit Gemüse und Champignons

ZUTATEN:

16 Maultaschen, in Scheiben geschnitten, 1 Bund Lauchzwiebeln, geputzt, gewaschen und in Scheiben geschnitten, 2 Karotten, geschält, in Scheiben geschnitten und gekocht, 200 g Champignons, geputzt und in Scheiben geschnitten, 1 kleinere Zucchini, gewaschen und in Scheiben geschnitten, 4 Tomaten, geschält, vom Kerngehäuse befreit und in Würfel geschnitten, 1/2 Bund Blattpetersilie, gehackt, Rapsöl, Salz nach Geschmack, Pfeffer aus der Mühle nach Geschmack

ZUBEREITUNG:

In einer heißen Pfanne mit Rapsöl die Maultaschenscheiben anbraten. Dann die Lauchzwiebelscheiben, Zucchinischeiben und Champignonscheiben hinzufügen und weiterbraten lassen. Zum Schluss die gekochten Karottenscheiben, Tomatenwürfel und die gehackte Petersilie hinzufügen und mit Salz und Pfeffer aus der Mühle abschmecken.

Zitronen-Pasta mit Hähnchenspieß

ZUTATEN:

200 g Pasta in beliebiger Form, 200 g weißer Spargel, geputzt und geschält, Zitronenabrieb von einer Bio-Zitrone, 1 rote Zwiebel, geschält und in Streifen geschnitten, 10 g frischer Ingwer, geschält und fein gehackt, 12 frische Basilikumblätter, Honig und Olivenöl nach Geschmack, 50 g Butter, 250 ml Gemüsebrühe, Salz und Pfeffer aus der Mühle nach Geschmack. Für die Hähnchenspieße: 600 g Hähnchenbrust, in kleinere Stücke geschnitten, 4 Holzspieße, Salz, Pfeffer und Paprika-pulver für die Würzung, Öl zum Braten

ZUBEREITUNG:

In einer heißen Pfanne Butter mit Olivenöl, dem Zitronenabrieb und den Zwiebelstreifen aufschäumen lassen, dann ca. 1 Minute weiter anschwitzen. Den Ingwer hinzufügen und mit etwas Gemüsebrühe aufgießen, anschließend das Ganze zur Hälfte einreduzieren lassen. Mit Honig, Salz und Pfeffer aus der Mühle abschmecken. Dann die vorher gekochte Pasta, die gekochten Spargelstücke und die Basilikumblätter hinzufügen. Die Hähnchenstücke mit Salz, Pfeffer und Paprika würzen und auf die Holzspieße stecken. Dann in einer heißen Pfanne in Öl von beiden Seiten braten.

Entenbrust mit geschmortem Kopfsalat und getoasteten Baguettescheiben

ZUTATEN:

2 Entenbrüste, 2 Zweige Rosmarin, 1 Knoblauchzehe angedrückt, Öl zum Braten, 2 mittlere Kopfsalate, geputzt und gewaschen, 2 kleine weiße Zwiebeln, geschält und in kleine Würfel geschnitten, 60 g Butter, 110 ml süße Sahne, 2 große Eigelb, Salz, Pfeffer aus der Mühle.
Zusätzlich:
12 frisch getoastete Baguettescheiben

ZUBEREITUNG:

Die Entenbrüste auf der Hautseite einschneiden. Mit Salz und Pfeffer aus der Mühle würzen. In einer heißen Pfanne mit Öl zuerst mit der Hautseite nach unten anbraten. Dann die Entenbrüste drehen und den Rosmarin sowie die angedrückte Knoblauchzehe hinzufügen. Die Pfanne nun in den vorgeheizten Backofen stellen und bei 150 Grad fertig rosa braten lassen. In einem Topf die Butter aufschäumen lassen und die Zwiebelwürfel anschwitzen. Dann die Salatblätter hinzufügen und mit Salz und Pfeffer aus der Mühle würzen. Zugedeckt die Salatblätter ca. 10 Minuten schmoren lassen. Die Sahne mit den Eigelben vermengen und auf kleiner Flamme andicken lassen, mit Salz und Pfeffer würzen. Die fertige Sauce über den abgetropften, geschmorten Kopfsalat geben. Zusammen mit der aufgeschnittenen Entenbrust und den getoasteten Baguettescheiben anrichten.

Steinbeißerfilet mit Stuttgarter-Wochenmarkt-Gemüsepfanne

ZUTATEN:

Für den Fisch: 700–800 g Steinbeißerfilets (küchenfertig), 30 g Olivenöl, Salz nach Geschmack, Pfeffer aus der Mühle nach Geschmack, 2 Zweige frischer Rosmarin.
Für die Gemüsepfanne: 200 g Blumenkohl, geputzt, gewaschen und in kleine Röschen geteilt, 200 g Rosenkohl, geputzt und gewaschen, 200 g Karotten, geschält und in Scheiben geschnitten, 1 kleiner Bund Frühlingszwiebeln, geputzt, gewaschen und in Scheiben geschnitten, 200 g Pastinaken, geschält und in Scheiben geschnitten, 40 g frische Butter, ein Spritzer Olivenöl, Salz, Pfeffer aus der Mühle

ZUBEREITUNG:

Die Fischfilets mit Salz und Pfeffer würzen, mit Olivenöl beträufeln, Rosmarinzweige hinzufügen und ca. 1 Stunde ziehen lassen. Anschließend in einer heißen Pfanne von beiden Seiten glasig braten. Das fertig geputzte und gewaschene Gemüse (zuerst die Karotten und den Rosenkohl, dann die Pastinaken und den Blumenkohl) bissfest in Salzwasser kochen und mit Eiswasser abschrecken. Das gekochte, eiskalte Gemüse gut abtropfen lassen. Dann in einer heißen Pfanne mit der Butter die Frühlingszwiebelscheiben anschwitzen. Anschließend das gut abgetropfte Mischgemüse hinzufügen und ca. 3 Minuten bei kleiner Hitze erwärmen. Zum Schluss mit Salz und Pfeffer aus der Mühle würzen. Anrichten und das fertige, heiße Gemüse mit ein paar Tropfen Olivenöl beträufeln.

Weintipp

Zum Fisch ist der trockene Rosé ein Erlebnis mit seinem fruchtig-frischen mediterranen Charakter. Auch für Rotwein-Liebhaber ein echter Genuss.

Weingut Häußermann

Spätzle-Gemüsepfanne mit Lachs

ZUTATEN:

Für die Spätzle: 400 g Mehl, 3 Eier, 8 g Salz, 80 ml Wasser.
Für die Gemüse-Spätzle-Pfanne: 150 g Broccoli, 200 g Rosenkohl und 150 g Blumenkohl, in Salzwasser bissfest gekocht und mit Eiswasser abgeschreckt, 20 g Steinpilze, getrocknet, in kaltem Wasser eingeweicht, 1/8 l Gemüsebrühe, 1 Zwiebel, geschält und in Streifen geschnitten, 1 kleiner Bund Schnittlauch, gehackt, 1/2 kleiner Bund Petersilie, gehackt, etwas Kerbel, gehackt, 400 g frischer Lachs, in Würfel geschnitten, 1/4 l frische Sahne, 30 g frische Butter, Zitronensaft von einer halben unbehandelten Zitrone, Salz nach Geschmack, Pfeffer aus der Mühle nach Geschmack

ZUBEREITUNG:

Aus den Spätleszutaten einen etwas festeren Spätzlesteig herstellen. Den fertigen Teig mit Hilfe der Spätzlesmaschine in das siedende Salzwasser drücken oder aber mit dem Spätzlesbrett und einer Palette in das kochende Salzwasser schaben. Mit einem Schaumlöffel aus dem Wasser holen, mit kaltem Wasser abschrecken und die fertigen Spätzle abtropfen lassen. Die Zwiebelstreifen und die Steinpilze in der nicht zu heißen Butter anschwitzen, dann die Spätzle und das Gemüse hinzufügen. Mit der Sahne und der Gemüsebrühe aufgießen. Dann die frisch gehackten Kräuter und ein paar Spritzer Zitronensaft hinzufügen. Mit Salz und Pfeffer aus der Mühle abschmecken. Zum Schluss die parallel gebratenen Lachswürfel untermengen und die Spätzle-Gemüse-Pfanne anrichten.

Kabeljau mit Curry-Senf-Kruste auf Erbsenpüree und Basilikum-Olivenöl

ZUTATEN:

Für den Kabeljau: 4 frische Kabeljaufilets, Salz nach Geschmack, Pfeffer aus der Mühle nach Geschmack, etwas Butter.
Für die Curry-Senf-Kruste: 20 g frisch geriebenes Weißbrot ohne Rinde, 3 g milder Curry, 12 g Senf, 2 g Senfpulver, 100 g Butter, 2 g Honig.
Für das Erbsenpüree: 150 g Trockenerbsen, geschält und halbiert, Gemüsebrühe nach Bedarf, 1/16 l Verjus, 1 Knoblauch-zehe, geschält und gehackt, 2 g frisch gehackter Ingwer, eine Prise brauner Zucker, Salz nach Geschmack, Pfeffer aus der Mühle nach Geschmack.
Für das Basilikum-Olivenöl: 40 g Olivenöl, 4 frische Basilikum-blätter

ZUBEREITUNG:

Butter bei Zimmertemperatur schaumig schlagen, anschließend alle Zutaten für die Curry-Senf-Kruste hinzufügen. In eine Folie einrollen und ca. 2 Stunden in das Tiefkühlfach stellen. Ein Back-blech buttern, den Kabeljau auf das Blech legen und mit Salz und Pfeffer aus der Mühle würzen. Dann die Curry-Senf-Kruste in Scheiben schneiden und auf den Kabeljau legen. Den Backofen auf Obergrill schalten und den Kabeljau ca. 7 Minuten grati-nieren. Die Trockenerbsen in der Gemüsebrühe ca. 15 Minuten leicht köcheln lassen. Dann den Knoblauch und den Ingwer hinzufügen und weiter köcheln lassen, bis die Erbsen weich geworden sind. Mit dem Mixer nun alles zu einem Püree mischen. Zum Schluss mit Verjus, braunem Zucker, Salz und Pfeffer aus der Mühle abschmecken. Das Püree vor dem Anrichten ca. 5 Minuten durchziehen lassen. Die Basilikum-blätter und das Olivenöl mit dem Stabmixer pürieren und bei Zimmertemperatur über das heiße Erbsenpüree tröpfeln.

Weintipp

2010 Riesling. Trockener Qualitätswein mit einem belebenden Duft nach Zitrone und Grapefruit. Der jugendliche Riesling besticht mit einem anregenden Fruchtspiel und vollem Sortencharakter.

Weingut Zimmerle

Schollenfilets mit Vanillebutter und Marktgemüse

ZUTATEN:

Für die Schollenfilets: 600–800g frische Schollenfilets, fertig geputzt, 1/4l Weißwein, z.B. einen Riesling aus Baden-Württemberg, 1 aufgeschlitzte Vanilleschote, 10 Pfefferkörner, 1 Knoblauchzehe, leicht angedrückt, 20g Lauchstreifen, Zitronenabrieb von einer halben Zitrone, 1 Lorbeerblatt, Salz nach Geschmack, etwas eiskalte Butter.
Für das Gemüse: 160g Steckrüben, geschält und in Streifen geschnitten, 160g Kohlrabi, geschält und in Streifen geschnitten, 160g Hokkaidokürbis, vom Kerngehäuse befreit und in Streifen geschnitten, 160g Lauch, geputzt, gewaschen und in Streifen geschnitten, Gemüsebrühe nach Geschmack, Salz und Pfeffer aus der Mühle nach Geschmack.
Für die Nussbutter: frische Butter (ca. 40–60 g) in einer Pfanne erhitzen bis sie eine bräunliche Farbe bekommt. Dann die Nussbutter durch ein Haarsieb abseihen.

ZUBEREITUNG:

Aus Weißwein, Vanilleschote, Zitronenabrieb, Lorbeerblättern, Pfefferkörnern, Knoblauch, Lauch und Salz eine Reduktion zu 1/3 herstellen. Aus der noch heißen Reduktion und eiskalter Butter eine streichfähige Würzbutter herstellen.

Damit die Schollenfilets bestreichen und im Backofen bei ca. 150 Grad fertig garen. Steckrübe, Kohlrabi und Kürbis in der Gemüsebrühe langsam weich kochen, kurz bevor sämtliche Gemüse bissfest sind, den Lauch noch hinzufügen, dann das Gemüse abseihen. Zum Schluss das Gemüse mit Salz und Pfeffer aus der Mühle würzen und mit der Nussbutter beträufeln.

Jakobsmuschel-Lachsspieß an Kartoffel-Curry-Püree und Pfifferlingen

ZUTATEN:

4 Spieße mit Jakobsmuscheln und Lachswürfeln à ca. 180 g,
4 Lauchscheiben, blanchiert und in Eiswasser abgeschreckt,
20 g hochwertiges Rapsöl, 2 frische Thymianzweige.
Für das Kartoffel-Currypüree:
1 kg Kartoffeln, geschält und geviertelt, Curry nach Geschmack,
1 größerer Apfel, vom Kerngehäuse befreit, geschält und
gewürfelt, 2 Schalotten, geschält und in Würfel geschnitten,
Sahne (je nach Konsistenz der Kartoffelmasse), 40 g Butter, Salz
und Pfeffer aus der Mühle nach Geschmack.
Für die Pfifferlinge:
200 g frische Pfifferlinge, geputzt, 30 g Butter, 2 Schalotten,
geschält und in kleine Würfel geschnitten, Salz nach Geschmack,
Pfeffer aus der Mühle nach Geschmack

ZUBEREITUNG:

Die Spieße mit dem Lauch umwickeln und in einer nicht zu
heißen Pfanne mit Rapsöl von beiden Seiten glasig braten.
Am Ende des Bratvorganges den frischen Thymian hinzufügen.
Die Kartoffeln mit reichlich Curry und Salz weich kochen.
Kurz bevor die Kartoffeln weich sind, die Apfel- und Schalotten-
würfel hinzufügen. Das Kochwasser abgießen, Butter und die
zuvor erwärmte Sahne zu den gekochten Kartoffeln hinzufü-
gen. Mit dem Rührgerät zu Püree verarbeiten und mit Curry,
Salz und Pfeffer aus der Mühle abschmecken.
In einer heißen Pfanne die Butter kurz aufschäumen lassen,
dann die Schalottenwürfel sowie die Pfifferlinge anschwitzen.
Mit Salz und Pfeffer aus der Mühle würzen.

Lachsspieß im Backteig und Gurkenspaghetti

ZUTATEN:

Für den Lachsspieß: 600 g Lachsfilets, in Stücke geschnitten, 40–50 g Mehl, 2 Eier, 1/16 l Milch, Salz nach Geschmack, Pfeffer aus der Mühle nach Geschmack, ca. 1 l Rapsöl, 4 Holz- oder Bambusspieße.

Für die Gurkenspaghetti: 2 Salatgurken, 1/2 rote Peperoni, Winzeressig nach Geschmack, eine Prise Zucker, 1 Knoblauchzehe fein gehackt, etwas frischer Ingwer, geschält und fein gehackt, Soja-Sauce und Olivenöl sowie Salz und schwarzer Pfeffer aus der Mühle jeweils nach Geschmack

ZUBEREITUNG:

Die Lachswürfel mit Salz und Pfeffer aus der Mühle würzen. Aus den Eiern, der Milch und dem Mehl einen Backteig herstellen, diesen ebenfalls mit Salz und Pfeffer aus der Mühle würzen. Den fertigen Backteig ca. 20 Minuten ziehen lassen, dann die Lachswürfel einzeln durch den Backteig ziehen und in heißem Öl schwimmend ausbacken. Zum Schluss die fertigen Lachsstücke aufspießen. Die Gurken leicht schälen und mit einem Streifenschneider der Länge nach bis zu den Gurkenkernen dünne Streifen schneiden. Die Gurkenstreifen mit wenig Salz marinieren und ca. 20 Minuten ziehen lassen, anschließend leicht ausdrücken. Die Gurkenstreifen mit Peperoni, schwarzem Pfeffer, Winzeressig, Knoblauch, Ingwer, Soja-Sauce, Olivenöl und Salz marinieren und abschmecken. Die fertigen Gurkenspaghetti ca. 30 Minuten gut durchziehen lassen.

Zander im Tempurateig mit Spargel an Beurre blanc und Salzkartoffeln

ZUTATEN:

4 Filets à 150 g vom frischen Zander, Salz, Pfeffer aus der Mühle, 500 ml hochwertiges Rapsöl zum Ausbacken.
Für den Tempurateig: 50 g Speisestärke, 100 g Mehl, etwas eiskaltes Mineralwasser, 2 Eigelb vom Biohuhn, Salz, Pfeffer aus der Mühle.
Für den Spargel: 800 g grüner Spargel, frisch gekocht, Beurre blanc, eiskalte Butter, 20 ml Fischfond, selbst hergestellt und einreduziert, einen Schuss Noilly Prat, 1 Schalotte, geschält und fein gewürfelt, Salz, Pfeffer aus der Mühle

ZUBEREITUNG:

Aus Speisestärke, Mehl, eiskaltem Mineralwasser, Eigelb, Salz und Pfeffer einen nicht zu dünnen Backteig herstellen. Die Zanderfilets mit Salz und Pfeffer aus der Mühle würzen, durch den Tempurateig ziehen und in heißem Rapsöl backen. Fischfond mit den Schalottenwürfeln großzügig einreduzieren lassen, anschließend mit Noilly Prat angießen. Wenn diese Flüssigkeit fast gänzlich einreduziert ist, die kalte Butter unter ständigem Rühren einmengen, bis eine homogene Sauce entstanden ist.

Dazu passen Salzkartoffeln, in ein paar Tropfen Erdnussöl und rotem Basilikum geschwenkt.

Weintipp

2010 Trockener Weißburgunder mit zarten gelbgrünen Reflexen und einem ansprechend blumigen Duft nach Aprikose und einem Hauch Limette. Der elegante finessenreiche Weißwein überzeugt mit seinem zarten Schmelz und einem langen Abgang.

Weingut Jochen Mayer

Lachsmaultaschen an Zitronenbutter und Balsamico

ZUTATEN:

Für die Maultaschen: 200 g Mehl, 6 Eigelb, 25 g Hartweizengrieß, Salz nach Geschmack, ein paar Tropfen Olivenöl.
Für die Füllung: 350 g frischer Lachs, in kleine Würfel geschnitten und mit wenig Salz vermengt leicht angefroren, 200 ml frische, eiskalte Sahne, evtl. etwas Pernod, Saft von 1/4 unbehandelter Zitrone, Salz nach Geschmack, Pfeffer aus der Mühle nach Geschmack, einige ganze Basilikumblätter.
Für die Zitronenbutter: 120 g frische Butter, geklärt, Abrieb und Saft von 1/4 unbehandelter Zitrone, einige geröstete Kürbiskerne, Salz nach Geschmack, etwas Balsamico, einreduziert

ZUBEREITUNG:

Die Zutaten für die Maultaschen zu einem geschmeidigen Teig kneten und anschließend mindestens 30 Minuten im Kühlschrank ruhen lassen. Die Lachswürfel zusammen mit der Sahne kuttern, bis eine homogene Masse entstanden ist. Das Ganze muß sehr schnell gehen. Nicht zu lange im Kutter laufen lassen, sonst wird die Masse zu warm und gerinnt. Anschließend mit Pernod, Zitronensaft, Salz und Pfeffer aus der Mühle abschmecken. Den Teig sehr dünn ausrollen, mit ganzen Basilikumblättern belegen, die Füllung daraufsetzen und zu Maultaschen formen. In siedendem Salzwasser ca. 2–4 Minuten fertig garen. Den Zitronenabrieb und die Kürbiskerne kurz in der heißen geklärten Butter aufschäumen lassen, dann den Zitronensaft hinzufügen und mit etwas Salz würzen. Den einreduzierten Balsamico in die Zitronenbutter geben oder evtl. extra anrichten.

Gebratener Safran-Gemüsereis mit Garnelen

ZUTATEN:

Für den Safranreis: 200 g Basmatireis, 1 – 1,5 l Wasser, Salz nach Geschmack, Safranpulver oder -fäden nach Geschmack, 1/2 mit Lorbeer und Nelken gespickte Zwiebel, 2 Tomaten, geschält, halbiert, vom Kerngehäuse befreit und in größere Würfel geschnitten, 1 kleinere Zucchini, gewaschen und in Würfel geschnitten, 2 Schalotten, geschält und in kleine Würfel geschnitten, 40 g geräucherter Speck, in Würfel geschnitten und in einer Pfanne ausgelassen, 30 g Erdnussöl, 20 g Olivenöl, Salz nach Geschmack, Pfeffer aus der Mühle nach Geschmack, 600 g rohe Garnelen

ZUBEREITUNG:

Den Basmatireis in leicht köchelndem Salzwasser mit der gespickten Zwiebel bissfest kochen, in den letzten fünf Minuten das Safranpulver hinzufügen. Den Reis abseihen, mit etwas kaltem Wasser abschrecken und gut austrocknen lassen. Den kalten Reis in einer heißen Pfanne mit Erdnussöl richtig kross braten, zum Schluss die Speckwürfel hinzufügen.

Parallel dazu in einer anderen Pfanne Schalottenwürfel, Tomatenwürfel und Zucchiniwürfel ebenfalls in Erdnussöl anbraten. Die Garnelen mit Salz und Pfeffer aus der Mühle würzen und in Olivenöl braten, erst kurz vor dem Anrichten den Reis und das Gemüse mischen und mit Salz und Pfeffer abschmecken.

Steinpilze im Tempurateig mit Sauce Remoulade

ZUTATEN:

Für die Steinpilze im Tempurateig: 400 g Steinpilze, geputzt und in Scheiben geschnitten, 50 g Speisestärke, 100 g Mehl, etwas eiskaltes Mineralwasser, 2 Eigelbe vom Biohuhn, Salz nach Geschmack, Pfeffer aus der Mühle nach Geschmack, Rapsöl zum Frittieren.

Für die Sauce Remoulade: 200 ml hochwertiges Rapsöl, 1 Eigelb vom Bio-Ei, Senf nach Geschmack, Salz nach Geschmack, Pfeffer aus der Mühle nach Geschmack, 5 – 10 Kapern, gewässert und gehackt, 2 Gewürzgurken, gehackt, 2 Sardellenfilets, gehackt, 1/2 Bund Blattpetersilie, gehackt

ZUBEREITUNG:

Aus Mehl, Speisestärke, Eigelben und etwas Mineralwasser einen homogenen Teig herstellen. Mit Salz und Pfeffer aus der Mühle würzen. Dann die Scheiben von den Steinpilzen salzen und pfeffern, anschließend durch den Tempurateig ziehen und im heißen Rapsöl goldgelb frittieren. Die Eigelbe und den Senf mit dem Rapsöl zu einer Mayonnaise rühren. Dann alle anderen Zutaten unterrühren und mit Salz und Pfeffer abschmecken. Mit dem Salz etwas vorsichtig sein, die Kapern und die Sardellen haben schon sehr viel Power.

Weintipp

Zu schwäbischen Buba-
spitzle ist der Trollinger
mit seinem fruchtig-
frischen Bukett sehr
empfehlenswert.

Weingut Häußermann

Bubaspitzle oder Schupfnudeln mit Sauerkraut

ZUTATEN:

Für das Sauerkraut: 500 g fertig eingelegtes Sauerkraut, 300 g Schweinebauch, roh geräuchert, 1/4 l Weißwein aus Baden-Württemberg, 100 g Griebenschmalz, 150 g Zwiebeln, geschält und in Scheiben geschnitten, 2 Lorbeerblätter, 6–8 Wacholderbeeren, Pfeffer aus der Mühle, Salz, etwas Zucker.
Für die Bubaspitzle: 500 g mehlige Kartoffeln, 3 Eigelb von großen Bio-Eiern, Mehl nach Beschaffenheit der Kartoffeln, Salz nach Geschmack, Pfeffer aus der Mühle nach Geschmack, Prise Muskat, frisch gerieben, Butterschmalz

Variante mit Speck

ZUBEREITUNG:

In einem heißen Topf mit Griebenschmalz die Zwiebelscheiben kurz anrösten und mit dem Weißwein ablöschen. Dann das etwas gewässerte Sauerkraut hinzufügen und mit Wasser aufgießen. Den geräuchten Bauch, Lorbeerblätter, Wacholderbeeren, Pfeffer aus der Mühle und Salz hinzufügen und das Ganze so lange kochen lassen, bis der geräuchte Bauch weich geworden ist. Zum Schluss das fertige Kraut mit Salz und etwas Zucker abschmecken. Für die Herstellung der Bubaspitzle-Sauerkrautpfanne sollte das Sauerkraut einigermaßen trocken gehalten werden, da sonst die Bubaspitzle aufweichen und nicht mehr schmecken. Einfach das Sauerkraut kurz vor der weiteren Verwendung in ein Sieb geben und die Flüssigkeit abtropfen lassen.

Die Kartoffeln mit der Schale kochen, sehr gut ausdampfen lassen und schälen. In noch lauwarmem Zustand durch die Presse drücken. Dann die Eigelbe hinzufügen und mit Salz, Pfeffer aus der Mühle und einer Prise frisch geriebenem Muskat würzen. Dieser Masse soviel Mehl hinzufügen, dass eine homogene, aber nicht zu feste Masse entsteht. Die fertige Masse etwas ruhen lassen, anschließend zu Bubaspitzle formen und in Salzwasser ca. 2 Minuten köcheln lassen. Dann die fertig gekochten Bubaspitzle in kaltes Wasser geben.
Die Bubaspitzle abtropfen lassen und in heißem Butterschmalz von allen Seiten anbraten. Anschließend das Sauerkraut hinzufügen und, wenn nötig, mit Salz und Pfeffer aus der Mühle abschmecken. Nach Belieben den vorher im Sauerkraut gekochten, geräuchten Speck in Streifen schneiden und in die Bubaspitzle-Sauerkrautpfanne rühren oder den Bauchspeck separat in Scheiben geschnitten servieren.

Spargel mit Brotsauce

ZUTATEN:

1 kg grüner Spargel, 130 g Weizenvollkornbrot ohne Rinde, 1/16 l Essig, 1/8 l kalte Gemüsebrühe, 2 Eier, gekocht und fein gehackt, 1 Knoblauchzehe, fein gehackt, 1 Bund Blattpetersilie, fein gehackt, 100 g Kapern, fein gehackt, Olivenöl nach Geschmack, Salz, Pfeffer aus der Mühle

ZUBEREITUNG:

Den Spargel putzen und am unteren Ende jeweils etwas abschneiden. Die Brotscheiben in kleine Würfel schneiden und mit dem Essig und der Hälfte der kalten Gemüsebrühe beträufeln. Ca. 5 Minuten ziehen lassen und dann die Brotwürfel leicht ausdrücken. Anschließend die Brotwürfel mit einer Küchenmaschine oder mit einem Messer klein hacken und zusammen mit den Eiern, den Kapern, dem Knoblauch und der Petersilie vermischen. Olivenöl und kalte Gemüsebrühe nach Geschmack hinzufügen und mit Salz und Pfeffer aus der Mühle abschmecken. Nun den Spargel wie gewohnt kochen und mit der Brotsauce anrichten.

Topinambur-Pfanne mit Champignons und Kresse

ZUTATEN:

800 g Topinambur, gebürstet und in Scheiben geschnitten, 200 g Champignons, geputzt und in Scheiben geschnitten, 2 Schalotten, geschält und in kleine Würfel geschnitten, 1 Handvoll Kresse, geschnitten und gewaschen, 1 kleine milde Peperoni, fein gehackt, 50 ml Crème double, 150 ml Sahne, 30 g Butterschmalz, Verjus nach Geschmack, Salz nach Geschmack, eine Prise Zucker, 10 g frischer Ingwer, geschält und fein gehackt

ZUBEREITUNG:

Schalottenwürfel mit Topinamburscheiben, Champignonscheiben und gehacktem Ingwer in heißem Butterschmalz leicht anbraten. Dann mit etwas Verjus ablöschen und ca. 5 Minuten leicht köcheln lassen. Peperoni hinzufügen, mit Salz und einer Prise Zucker würzen und die Sahne sowie die Crème double unterrühren. Alles zusammen bei ca. 70 Grad ca. 5 Minuten ziehen lassen. Zum Schluss die Kresse einrühren.

Grünes Risotto mit Pfifferlingen

ZUTATEN:

350 g Risottoreis, 150 g grüne Bohnen, blanchiert und im Eiswasser abgeschreckt, 150 g Zuckerschoten, 100 g Erbsen, gekocht und im Eiswasser abgeschreckt, eine Hand voll Kresse, 1–1,5 l Gemüsebrühe, Salz nach Geschmack, Pfeffer aus der Mühle nach Geschmack, 70 g Butter, 20 g Olivenöl, 120 ml trockener Weißwein, 40 g frisch geriebener Parmesan, 1/2 Bund glatte Petersilie, gehackt, 3 größere Schalotten, geschält und in kleine Würfel geschnitten, 200 g Pfifferlinge, geputzt und in etwas heißer Butter geschwenkt

ZUBEREITUNG:

In einem heißen Topf mit Olivenöl die Schalotten-würfel anschwitzen, den Risottoreis kurz mitschwenken und mit Weißwein ablöschen. Dann mit etwas Gemüse-brühe aufgießen und langsam köcheln lassen. Wenn die Gemüse-brühe verdampft ist, immer wieder frische Brühe nachgießen. Kurz bevor der Reis gar ist, die Erbsen, Bohnen und Zuckerschoten einrühren und weiter kochen lassen. Anschließend Kresse, Butter und die gehackte Petersilie unter-rühren. Zum Schluss mit Salz und Pfeffer aus der Mühle würzen und den geriebenen Parmesan einstreuen. Das fertige Risotto mindestens 10 Minuten ruhen lassen. Die Pfifferlinge in einer heißen Pfanne mit Butter schwenken, mit Salz und Pfeffer aus der Mühle würzen und auf das fertige Risotto anrichten.

ZUBEREITUNG:

Die Zucchinischeiben auf beiden Seiten leicht salzen und ca. 30 Minuten ziehen lassen. Anschließend beide Seiten mit einem Küchenkrepp trockentupfen. In die mit der Milch zerquirlten Eier den gehackten Rosmarin und Oregano hinzufügen. Die Zucchinischeiben mit Salz und Pfeffer würzen, dann zuerst in Mehl wenden, dann durch das Eiergemisch ziehen und mit den Semmelbröseln panieren. In einer Pfanne mit dem heißen Öl goldgelb frittieren. Währenddessen die Schalottenwürfel, den Knoblauch und die Tomatenwürfel in einer heißen Pfanne mit Olivenöl anschwitzen. Mit der

Panierte Zucchinischeiben mit Tomatensauce

ZUTATEN:

800 g Zucchini in Scheiben geschnitten, 2 Eier und 20 ml Milch zerquirlt, Mehl nach Bedarf zum Panieren, Semmelbrösel nach Bedarf zum Panieren, 1 Zweig Rosmarin, 10 größere Blätter Oregano, gehackt, 500 ml Öl zum Frittieren, Salz nach Geschmack, Pfeffer nach Geschmack.
Für die Tomatensauce: 4 größere Tomaten, geschält, geviertelt, vom Kerngehäuse entfernt und in Stücke geschnitten, 2 Schalotten, geschält und in kleine Würfel geschnitten, 1/8 l Gemüsebrühe, 1 Zehe Knoblauch, geschält und fein gehackt, 5 große, frische Basilikumblätter, fein gehackt, 30 g Olivenöl, Salz nach Geschmack, Pfeffer aus der Mühle nach Geschmack, eine Prise Zucker

Gemüsebrühe ablöschen und anschließend etwas einreduzieren lassen. Zum Schluss das gehackte Basilikum hinzufügen und mit Salz, Pfeffer aus der Mühle und einer Prise Zucker abschmecken.

Weintipp

2007 Die trockene Cuveé „D" aus Acolon und Dornfelder ist im Holzfass gereift und bietet einen Duft nach getrocknetem, ganz durchgegorenem Rotwein in feiner Tannin-Struktur. Kräftig-rote Farbe mit blauen Reflexen.

Weingut Jochen Mayer

Gebackene Kartoffeln mit Bärlauchquark

ZUTATEN:

4 größere Kartoffeln, gewaschen und in Folie eingepackt, 400 g Quark, 1 kleiner Bund frischer Bärlauch, geputzt und gewaschen, Salz nach Geschmack, Pfeffer aus der Mühle nach Geschmack, 40 ml Olivenöl

ZUBEREITUNG:

Die Folienkartoffeln auf ein Gitter legen und im Backofen bei 250 Grad weich backen. Den Bärlauch und Olivenöl mit einem Stabmixer pürieren oder mit einem Messer klein hacken. Anschließend den Quark unterrühren und mit Salz und Pfeffer aus der Mühle würzen.

Zucchini-Roulade mit Tomatensauce

ZUTATEN:

Für die Zucchini-Rouladen: 2 kleinere Zucchini, der länge nach in dünne Scheiben geschnitten, 50 g geriebener Parmesan, 200 g Büffel-Mozzarella, in kleine Würfel geschnitten, etwas Olivenöl, Weißbrot von einem Brötchen vom Vortag, frisch gerieben, frisches Basilikum, grob gehackt, Pfeffer aus der Mühle nach Geschmack

ZUBEREITUNG:

Die Zucchinischeiben auf beiden Seiten leicht salzen, 20 Minuten ziehen lassen und mit einem Krepp trockentupfen. In einer heißen Pfanne mit Olivenöl die Weißbrotbrösel kurz anbraten und erkalten lassen. Die erkalteten Weißbrotbrösel mit dem frisch geriebenen Parmesan, den Mozzarellawürfeln, dem gehackten Basilikum, dem Pfeffer und etwas Olivenöl vermischen. Die fertige Masse im Kühlschrank ca. 10 Minuten ziehen lassen. Dann die Füllmasse auf die Zucchinischeiben geben und einrollen. Zum Schluss die Roulade mit einem Zahnstocher befestigen und in heißem Olivenöl von allen Seiten braten. In einer heißen Pfanne mit Olivenöl die Schalottenwürfel und den gehackten Knoblauch anschwitzen. Dann die Tomatenwürfel hinzufügen und mit wenig Gemüsebrühe aufgießen. Das Ganze zu einer sämigen Tomatensauce langsam einkochen lassen. Zum Schluss mit Salz und Pfeffer aus der Mühle abschmecken.

Spargel-Tarte

ZUTATEN:

Für die Tarte (für einen Kuchenboden mit 28 cm Durchmesser):
200 g Mehl, 80 g eiskalte Butterstücke, eine gute Prise Salz,
ca. 80 g Wasser.
Für die Auflage: 500 g Spargel (am besten Grünspargel),
350 g Frischkäse, 200 g Crème fraiche, 3 Eier, Schnittlauch,
gehackt, Salz, Pfeffer aus der Mühle

ZUBEREITUNG:

Mehl, Butterstücke und Salz in der Küchenmaschine vermengen,
dann nach und nach das Wasser zugießen. Den fertigen Teig
mindestens 1 Stunde kühl ruhen lassen. Den Spargel an den
unteren Stielen großzügig abschneiden, in Stücke schneiden
und ca. 3 Minuten in siedendem Salzwasser kochen. Anschließend den Spargel im Eiswasser abschrecken und mit Küchenkrepp trocken tupfen. Den Frischkäse mit der Crème fraiche und
den Eiern zerquirlen, etwas gehackten Schnittlauch hinzufügen
und mit Salz und Pfeffer aus der Mühle würzen.
Den Tarteteig ausrollen, in die eingefettete Backform legen,
den Rand hochziehen und mit der Gabel einige Male den Boden
einstechen. Zum Schluss die Spargelstücke hineinlegen und mit
der Eiermasse begießen. Die Tarte bei 170 Grad Umluft für ca.
40 Minuten backen.

Bei der Erzeugermeile der Wochenmärkte zeigen
regionale Produzenten die Spargelernte.

Weintipp

2009 Die edelsüße Kerner Spätlese präsentiert sich mit goldgelber Farbe und einem bestechenden Duft nach reifen und gelben Früchten. Füllig und doch elegant mit feingliedriger Säure ist sie ein idealer Dessertwein.

Weingut Jochen Mayer

Ofenschlupfer

ZUTATEN:

6 altbackene süße Wecken oder Milchbrötchen, 500 g Äpfel, vom Gehäuse befreit, 4 Eier, 1/2 l Milch, Mandelstifte sowie Rosinen und Zucker nach Geschmack

ZUBEREITUNG:

Eine Auflaufform gut ausfetten. Altbackene Wecken bzw. Milchbrötchen und geschälte, entkernte Äpfel in Scheiben schneiden. Zuerst Brot- und darauf Apfelscheiben in die Form schichten, mit Mandelstiften und Rosinen bestreuen und so abwechselnd fortfahren, bis alle Zutaten aufgebraucht sind.

Eier mit Milch und Zucker verquirlen, darübergießen, Butterflöckchen aufsetzen, bei 200–225 Grad eine Stunde backen und warm servieren.

Ofenschlupfer mit frischen Beeren und Früchten

ZUTATEN:

500 g verschiedene Beeren und Früchte, je nach Saison, Zucker nach Geschmack, Mark von einer Vanilleschote, 6 Eier, 400 ml Milch, 400 ml Sahne, eine Prise Salz, 400 g Hefezopf, in Scheiben geschnitten, 20 g Butter zum Ausfetten, etwas Puderzucker

ZUBEREITUNG:

Sahne, Milch, Eier, Vanillemark, Zucker und eine Prise Salz mit einem Schneebesen verquirlen. Eine Backform mit der Butter ausfetten, dann in einzelnen Schichten Hefezopf, Beeren und Früchte einlegen. Die letzte Lage sollte mit Hefezopf belegt werden. Schließlich die Eier-Milch-Mischung darübergießen und im Backofen bei 180 Grad ca. 40–45 Minuten backen. Nach dem Backen mit etwas Puderzucker bestreuen. Dazu passt hervorragend eine Vanillesauce.

Milchreis mit Mango

ZUTATEN:

120 g Milchreis, 1/2 l Milch, 1/8 l flüssige Sahne, Zucker nach Geschmack, Honig nach Geschmack, 60 ml Sahne, steif geschlagen, Vanillemark einer ausgekratzten Vanilleschote, eine Prise Salz, frische Mango, geschält und in Stücke geschnitten

ZUBEREITUNG:

Den Milchreis mit Wasser ca. 3 Minuten leicht köcheln lassen. Dann das Wasser vollkommen abseihen und den Milchreis in die schon warme Milch-Sahnemischung geben. Eine Prise Salz dazugeben, das Vanillemark sowie die ausgekratzte Vanilleschote einlegen und bei ganz kleiner Flamme ca. 35 Minuten eher ziehen als kochen lassen. Zum Schluss in den lauwarmen Milchreis steif geschlagene Sahne, Zucker und Honig nach Geschmack einrühren. Zusammen mit den Mangostücken anrichten.

Pfitzauf an gedünsteten Apfelstücken mit Vanillesahne und Eierlikör

ZUTATEN:

Für die Pfitzauf: 250g Mehl, eine Prise Salz, 1/2 l Milch, 4 Eier in Bio-Qualität, 125 g Butter.
Für die gedünsteten Apfelstücke: 2 Äpfel, entkernt und in Stücke geschnitten, 1/16 l Weißwein, 30g Puderzucker, 2 Nelken, 1 Zimtstange, 20g Butter.
Für die Vanillesahne: 220g Sahne, Puderzucker nach Geschmack, ausgekratztes Vanillemark von einer Vanilleschote

ZUBEREITUNG:

Das Mehl, eine Prise Salz sowie etwas kalte Milch gut glattrühren. Nacheinander die Eier hinzugeben, dann die restliche Milch kochend heiß einrühren. Zum Schluss die vorher erhitzte Butter unterrühren. Die Förmchen mit Butter ausstreichen und halbvoll mit dem Teig füllen. Ca. 30 Minuten bei 180 Grad backen, anschließend aus dem Rohr nehmen, stürzen und anrichten. Mit Puderzucker bestreuen.

In einer Pfanne mit der heißen Butter den Puderzucker leicht karamellisieren lassen. Mit dem Weißwein etwas ablöschen, dann Apfelstücke, Nelken und Zimtstange hinzufügen. Die Apfelstücke ca. 1/2 Minute leicht köcheln lassen, danach die Pfanne vom Herd nehmen. Die gedünsteten Apfelstücke mindestens 20 Minuten ziehen lassen, anschließend die Apfelstücke aus dem Sud nehmen.

Die Sahne mit dem Puderzucker und dem Vanillemark steif schlagen. Damit sich das feine Vanillearoma besser entfalten kann, die fertige Vanillesahne ca. 10 Minuten im Kühlschrank ziehen lassen.

Kirschauflauf

ZUTATEN:

150 g Mehl, 3 Eier, 100 g Zucker, Mark einer Vanille-Schote, 250 ml Sahne, eine Prise Salz, ca. 700 g Kirschen, Rum nach Geschmack, frische Minze als Dekoration, Puderzucker zum Bestäuben

ZUBEREITUNG:

Die Kirschen mit dem Rum tränken und über Nacht im Kühlschrank ziehen lassen. Die Eier mit dem Zucker leicht schaumig schlagen. Zum Schluss das Vanillemark und eine Prise Salz hinzufügen. Das Mehl mit der kalten Sahne glatt rühren und mit der leicht schaumigen Eiermasse vermengen. Die Masse in eine Form gießen und darauf die abgetropften Kirschen legen. Im Backofen bei ca. 160 Grad Umluft backen. Mit Puderzucker und frischer Minze anrichten.

Weintipp

2009 Riesling. Der exzellente Eiswein verführt mit konzentrierten Aromen von Südfrüchten in unendlicher Fülle und einem extraktreichen edelsüssen Körper mit feinem Süss-Säure-Spiel im lang anhaltenden Finale.

Weingut Zimmerle

Nonnenfürzle mit Hägemark

ZUTATEN:

Für den Brandteig: 250 ml Milch, 100 g frische Butter, 150 g Mehl, 4 Eier, eine Prise Salz, Puderzucker zum Bestreuen.
Für die Vanillesahne: 220 ml frische Sahne, frisches Mark einer Vanillestange, Zucker nach Geschmack.
Für das Hägemark: 80 g Hägemark (Hagebuttenmark), 1/8 l Trollinger

ZUBEREITUNG:

Die Milch mit der Butter und der Prise Salz kurz aufkochen lassen, dann vom Feuer nehmen. Anschließend das gesiebte Mehl unterrühren und die Masse auf kleiner Flamme mit einem Kochlöffel abrösten, bis sie sich gut vom Topf löst. Die Masse lauwarm werden lassen und die Eier nach und nach gut in den Teig einarbeiten. Dann mit zwei Löffeln Kugeln formen und in heißem Fett ausbacken, anschließend die Nonnenfürzle mit Puderzucker bestreuen.

Die Sahne und den Zucker mit dem Rührgerät steif schlagen, zum Schluss das Vanillemark hinzufügen.

In einem Topf den Trollinger auf hoher Hitze einreduzieren lassen, bis er dickflüssig wird. Die Flamme reduzieren, und nach Geschmack das Hägemark zufügen. Beim Anrichten noch etwas Krokant über das Dessert streuen.

Bratapfel gefüllt mit Walnuss-Zimt-Parfait

ZUTATEN:

Für das Walnuss-Zimt-Parfait: 2 Eigelb vom Bio-Ei, 100 ml Sahne, steif geschlagen, 50 g Walnusskerne, grob gehackt, etwas Zucker zum Karamellisieren, 20 g Puderzucker, Vanillezucker nach Geschmack, 5 g Walnussöl, eine Prise Salz, gemahlener Zimt nach Geschmack.
Für die Bratäpfel: 4 Äpfel, 40 g Lebkuchen, fein gerieben, 40 – 60 g Butter, 8 getrocknete Apfelscheiben, Puderzucker zum Bestreuen

ZUBEREITUNG:

Die Hälfte der Walnusskerne in einer heißen Pfanne leicht anrösten, Zucker hinzufügen und goldgelb karamellisieren lassen. Die Masse auf ein gefettetes Backpapier geben und erkalten lassen. Anschließend die Masse zuerst mit dem Mörser zerstoßen und dann mit der Küchenmaschine fein reiben. Die Eigelbe mit dem Puderzucker im Wasserbad erst warm schaumig aufschlagen, dann in Eiswasser kalt weiterschlagen. Zum Schluss die geriebene Walnuss-Karamellmasse, etwas Vanillezucker, Zimt, das Walnussöl und den Rest der Walnusskerne unterrühren. Danach in die erkaltete Eigelbmasse die steif geschlagene Sahne und eine Prise Salz vorsichtig unterheben. In ein Gefäß füllen und mindestens vier Stunden, am besten über Nacht, in den Froster stellen.

Den Apfel entkernen und im Backofen bei 170 Grad ca. 30 Minuten backen. In der Zwischenzeit Butter aufschäumen lassen und mit den fein geriebenen Lebkuchen vermischen. Den fertigen Bratapfel mit dem Walnuss-Zimt-Parfait füllen, mit der Lebkuchenbutter beträufeln und mit Puderzucker bestreuen. Zum Schluss mit getrockneten Apfelscheiben garnieren.

Honigananas mit Mascarponecreme

ZUTATEN:

Für 6–8 Gläser Honigananas: 1 reife Ananas, 2 EL Honig,
2 g frischer fein gehackter Ingwer, Vanillemark von einer
Vanilleschote.
Für die Mascarponecreme: 4 Eigelb, Vanillemark von einer
Vanilleschote, Puderzucker, 250 g Mascarpone

ZUBEREITUNG:

Die Ananas schälen, vom Strunk befreien und in Stücke
schneiden. Dann den Honig in einem Topf ca. 2 Minuten kochen
lassen, die Ananasstücke, den Ingwer und das Vanillemark
hinzufügen und weitere 8 Minuten leicht kochen lassen.
Anschließend erkalten lassen.

Die Eigelbe dicklich, weiß schaumig schlagen und mit dem
Mascarpone, dem Puderzucker und dem Vanillemark vermengen.
Ca. 20 Minuten im Kühlschrank ziehen lassen, dann mit den
Ananastücken anrichten.

Kaiseromelett mit Orangen-Sauce

ZUTATEN:

120 g Mehl, 375 ml Sahne, 80 g Butterschmalz, 8 Eier, getrennt, 40 g Zucker, etwas Puderzucker zum anschließenden Bestreuen, Vanillemark von einer Vanilleschote, etwas geschlagene Sahne für die Füllung.
Für die Orangen-Sauce: 0,5 l frisch gepresster Orangensaft von unbehandelten Orangen, abgeriebene Orangenschale von einer unbehandelten Orange, eiskalte Butterflocken, 15 g Butter, Grand Marnier nach Geschmack, Zucker nach Geschmack, 12 Orangenfilets von einer unbehandelten Orange

ZUBEREITUNG:

Eigelb zusammen mit dem Vanillemark schaumig rühren, Sahne untermengen und Mehl einsieben. Den entstandenen Teig etwas ruhen lassen. Eischnee mit Zucker steif schlagen. Die Teigmasse mit einem kleinen Teil Schnee glatt rühren, danach den restlichen Eischnee untermischen. In einer Pfanne das Butterschmalz erhitzen. Den Teig auf 4 Portionen aufteilen. Den ersten Teil eingießen und auf kleiner Flamme auf beiden Seiten backen. Mit den restlichen Teigportionen die anderen Omelettes zubereiten.

Vor dem Servieren mit der Orangen-Sauce und der geschlagenen Sahne füllen. Omelettes zusammenschlagen und mit Puder-zucker bestreuen. Den 1/2 l Orangensaft bis auf 1/3 einreduzieren lassen, dann von der Flamme nehmen. Zucker und die abgeriebene Orangenschale ganz kurz in etwas heißer Butter aufschäumen lassen und mit dem einreduzierten Orangensaft auffüllen. Die Orangen-Sauce vom Herd nehmen, einige Orangenfilets und wenige kalte Butterflocken einrühren. Die Orangen-Sauce nicht mehr kochen lassen. Ein wenig vom Grand Marnier zugießen.

Mousse au Chocolat „Hell und Dunkel"

ZUTATEN:

130 g weiße Kuvertüre, 130 g dunkle Kuvertüre,
50 g frische Sahne, 45 g Zucker, 5 Eiweiß vom Bio-Ei

ZUBEREITUNG:

Die Eiweiße zu steifem Schnee schlagen, dann den Zucker
hinzufügen und den Eischnee im Kühlschrank bis zur weiteren
Verwendung kühl stellen.
Die beiden Schokoladensorten jeweils getrennt bei maximal
35 Grad im Wasserbad zerschmelzen lassen. Die Sahne leicht erhitzen und jeweils die Hälfte davon in die beiden Schokoladensorten einrühren.
Das Ganze auf ca. 30 Grad abkühlen lassen, dann in beide
Schokoladensorten jeweils die Hälfte des Eischnees vorsichtig
und ganz langsam unterheben. Zum Schluss beide Sorten abwechselnd in ein Gefäß füllen und über Nacht abgedeckt im
Kühlschrank stocken lassen.

Apfeleis-Creme

ZUTATEN:

2 Eigelb, 150 ml Sahne, 150 g Apfelstücke ohne Schale, ein Schuss
Apfellikör, Zucker nach Geschmack,
eine Prise Zimt, etwas Zitronensaft

ZUBEREITUNG:

Die Apfelstücke mit Zimt und Zucker sowie etwas Zitronensaft weich dünsten. Anschließend beliebig pürieren und kalt stellen. Die Eigelbe mit Zucker schaumig schlagen, dann nach und nach die vorher erwärmte Sahne unterheben. Diese Masse nun bei ständigem Schlagen erhitzen, jedoch nicht mehr kochen lassen. Ist die Masse cremig, vom Herd nehmen und ebenfalls kalt stellen. Dann die pürierten Apfelstücke, die Eiersahnemischung und einen Schuss Apfellikör untermischen und die Masse in der Eismaschine zu Eiscreme rühren.

Sauerrahm-Zimt-Eis mit in Riesling gedünsteten Birnenspalten

ZUTATEN:

Für das Sauerrahm-Zimt-Eis: 200 g Sauerrahm, 50 g Crème fraîche, Saft von 2 Limetten, 200 g flüssige Sahne, Puderzucker nach Geschmack, Zimt nach Geschmack, Vanillemark aus 1 Vanilleschote.
Für die Birnenspalten: 2–3 Birnen, geschält und halbiert, 1/2 l Weißwein, 4 Nelken, 1 Zimtstange, Zucker nach Geschmack, ein Spritzer Limettensaft

ZUBEREITUNG:

Alle Zutaten für das Sauerrahm-Zimt-Eis in einer Schüssel vermischen und anschließend in der Eismaschine zu Eiscreme rühren.
Weißwein mit Nelken, Zimt, Zucker und Limettensaft auf-kochen. Dann die Birnenhälften einlegen und weich dünsten. Die fertigen weichen Birnenhälften erkalten lassen, mit einem Löffel vom Kern befreien und in Spalten schneiden.

Holunderblüten-Sorbet

ZUTATEN:

300 ml Holunderblütensirup,
150 ml Prosecco, Saft von einer
Bio-Zitrone

ZUBEREITUNG:

Alles zusammen vermengen
und in der Eismaschine zum
Sorbet rühren.

Tartelettes gefüllt mit Vanille-Creme, Früchten und Beeren aus der Region

(reicht für ca. 20 kleine Formen)

ZUTATEN:

Für den Tarteteig: 200 g Mehl 405, 80 g eiskalte Butterstücke, eine gute Prise Zucker, ca. 80 g Wasser.
Für die Vanille-Creme (für 700 g fertige Creme): 15 cl Vollmilch, 15 cl frische Sahne, 80 g Zucker, 1 Vanilleschote, 2 Eigelb von Bio-Eiern, 17 g Stärkemehl, 30 g Butter.
Außerdem: 150 ml geschlagene, gesüßte Sahne nach Geschmack, ca. 500 g verschiedene Beeren und Früchte der Saison

ZUBEREITUNG:

Mehl, Butterstücke und Zucker in der Küchenmaschine vermengen, dann nach und nach das Wasser zugießen. Den fertigen Teig mindestens 1 Stunde kühl ruhen lassen. Milch aufkochen, die Hälfte des Zuckers einrieseln lassen und das Mark der Vanilleschote hinzufügen. Die Eigelbe mit dem restlichen Zucker schaumig schlagen, dann das Stärkemehl einrühren. Die kochende Milch unter kräftigem Rühren auf die Eigelbmasse gießen, zurück auf den Herd stellen und zwei Minuten kochen lassen. Dabei kräftig mit dem Schneebesen oder Mixer aufschlagen. Vom Herd nehmen und die in Würfel geschnittene Butter einrühren. Zu einer glatten homogenen Masse verarbeiten. In einen Behälter gießen, mit Folie bedecken und zum Abkühlen in den Kühlschrank stellen.

Nachdem die Konditorcreme abgekühlt ist, nach eigenem Ermessen vorsichtig die geschlagene Sahne unterheben. Je mehr Sahne man nimmt, umso cremiger und lockerer wird das Ergebnis.

Die fertige Vanille-Creme nun in einen Spritzbeutel füllen und in die Tartelettes spritzen. Darauf die Früchte und Beeren nach Lust und Laune legen und mit Puderzucker überstreuen.

Alphabetisches Verzeichnis

Leckere Rezepte aus der Region

Gericht	Seite
Rinderfilet an Sauce-Diable mit Trüffel-Kartoffeln	49
Rinderroulade an Lembergersößle und Spätzle	50
Salat vom Stuttgarter Wochenmarkt	14
Sauerrahm-Zimt-Eis mit in Riesling gedünsteten Birnenspalten	113
Schollenfilets mit Vanillebutter und Marktgemüse	78
Schwabenpfännle	56
Schwäbische Mehlsäck	60
Schwäbische Wurstknöpfle	57
Schwäbische Zwiebelsuppe	24
Schwäbischer Zwiebelrostbraten	47
Schwäbisch-Hällischer Schweinehals mit einer Brezelfüllung	55
Spaghettini-Salat mit Garnelen, Avocado und Kresse	22
Spanferkelbraten an schwäbischem Alblinsen-Gemüse	59
Spargel mit Brotsauce	90
Spargelsalat mit Birnen und Käse	17
Spargel-Tarte	99
Spätzle-Gemüsepfanne mit Lachs	76
Spinat-Kartoffelsalat mit Schafskäse	18
Steinbeißerfilet mit Stuttgarter-Wochenmarkt-Gemüsepfanne	75
Steinpilze im Tempurateig mit Sauce Remoulade	87
Tartelettes gefüllt mit Vanille-Creme, Früchten und Beeren aus der Region	115
Topinambur-Pfanne mit Champignons und Kresse	91
Weinsuppe vom Cannstatter Zuckerle	33
Zander im Tempurateig mit Spargel an Beurre blanc und Salzkartoffeln	83
Zitronen-Pasta mit Hähnchenspieß	72
Zucchini-Roulade mit Tomatensauce	97

Stuttgarter Wochenmärkte

Frisch vom Erzeuger – Frische und Vielfalt aus der Region

Stuttgart-Mitte Marktplatz	Di, Do	7:00 – 13:00 Uhr	Sa	7:00 – 13:30 Uhr
Stuttgart-Mitte Schillerplatz	Di, Do	7:00 – 13:00 Uhr	Sa	7:00 – 13:30 Uhr
Stuttgart-Mitte Wilhelmsplatz	Fr	12:00 – 18:00 Uhr		
Stuttgart-West Bismarckplatz	Di, Do, Sa	7:00 – 12:30 Uhr		
Stuttgart-Ostendzentrum	Fr	10:00 – 17:00 Uhr		
Stuttgart-Marienplatz	Mi	10:00 – 17:00 Uhr		
Bad Cannstatt Marktplatz	Di, Do	7:00 – 12:30 Uhr	Sa	7:00 – 13:00 Uhr
Botnang Griegstr.	Sa	7:00 – 12:30 Uhr		
Degerloch Rathausplatz	Mi, Sa	7:00 – 13:00 Uhr		
Fasanenhof Bonhoefferweg	Do	8:00 – 14:00 Uhr		
Feuerbach Kelterplatz	Sa	7:00 – 12:30 Uhr		
Freiberg LVA-Parkplatz	Sa	7:00 – 11:30 Uhr		
Gablenberg Schmalzmarkt	Mi	7:00 – 12:00 Uhr		
Giebel Ernst-Reuter-Platz	Do	8:00 – 12:00 Uhr		
Hedelfingen Altes Haus	Do	8:00 – 13:00 Uhr		
Heslach Bihlplatz	Sa	7:00 – 12:00 Uhr		
Heumaden Dorfplatz	Mi	7:00 – 13:00 Uhr		
Möhringen Oberdorfplatz	Sa	7:00 – 11:30 Uhr		
Neugereut Marktplatz	Sa	7:00 – 12:00 Uhr		
Sillenbuch EKZ Augustinum	Fr	10:30 – 17:30 Uhr		
Stammheim Kirchplatz	Fr	7:00 – 13:00 Uhr		
Steinhaldenfeld Marktplatz	Mi	8:00 – 12:00 Uhr		
Untertürkheim Widdersteinstr.	Fr	9:00 – 16:00 Uhr		
Vaihingen Rathausplatz	Mi, Sa	7:00 – 12:30 Uhr		
Wangen Alte Kelter	Mi	7:00 – 12:00 Uhr		
Weilimdorf Löwenplatz	Di	7:00 – 12:30 Uhr	Fr	11:00 – 18:00 Uhr
Zuffenhausen Festplatz	Sa	7:00 – 13:00 Uhr		

Angaben zu den Wochenmärkten finden Sie auch im Internet unter **www.maerkte-stuttgart.de/wochenmaerkte/uebersichtsplan**
Marktzeiten unter Vorbehalt – Änderungen sind möglich